思想觀念的帶動者

文化現象的觀察者

本土經驗的整理者

生命故事的關懷者

心靈工坊 PsyGarden

HARMONY

迷惘與清明的纏綿糾葛，讓人渴盼

清靈的暮鼓晨鐘，心靈的虔誠祈禱，智慧的凝練經句

或是淡淡點撥，或是重重棒喝

內在靈性已然洗滌清澈，超越自我

生命詩情

The Poetics of Life: A Collection of Thoughts on Books

作者—余德慧（Yee Der-Heuy）

余念梓攝影／2013

〔推薦序一〕

遠去，是為了歸來

余安邦

誰此刻在世界的某處哭，
無端端在世界上哭，
在哭著我。
誰此刻在世界的某處笑，
無端端在世界上笑，
在笑著我。
誰此刻在世界的某處走，
無端端在世界上走，
向我走來。
誰此刻在世界的某處死，
無端端在世界上死，
眼望著我。

——里爾克（Rainer Maria Rilke, 1875-1926）：〈入冥的時刻〉

之一

太平洋的風，徐徐地吹著，依舊，夜以繼日。

等待，進入，里爾克，〈入冥的時刻〉。

你，是位詩人。美，一種殘酷、或者殘缺的美，自然成為你一生至關重要的必須。對待你的身軀向來如此，對待作品的要求也是這般。

你的作品似乎都是從夢境中而來，一種古典形式的淵博與簡潔，以及類似南島民族逆向運作的原始思維。況且，你的作品總有那種令人心醉目眩的效果，猶如故鄉比南方更南的椰子樹，蘊含某種充滿火焰的、危險而高拔的藝術氣質，但卻不帶有存在主義瀰漫島國之際的荒涼與虛無；彷彿當年文藝青年對威權時代的叛逆，對不公不義社會的吶喊，對底層人民苦痛的膚慰。如此的寫出，必然是富含詩意浪漫地，更深藏追根究柢的生命力，永遠朝向「生」也朝向「死」。

甚且，你的作品始終印刻著某種難言的風霜，迴響著廣大受苦者的聲音，並且緊緊連結這片大地的容顏，從而使自己的言行渾然天成般孵化為一種時代精神。不過，你的目標總是一再推進，你的起點也不時跟著變動，可見，這目標與起點之間，才是最最遙遠的距離。

（而我們還在原地踏步，孤芳自賞）

在我看來，你的作品就是藝術作品。而重要的是，決定著（藝術）閱讀經驗的關鍵性東西，是閱讀者出現在你的作品之前。無論這作品意境是抽象的還是具體的，是實存的還是象徵的。

人們面對藝術作品時，首先要自問的是：它可能讓我面對著它而存在嗎？或正好相反，在其結構中拒絕承認他者而否定我作為主體嗎？作品所提議或描繪的時空，能夠以其法則而對應到我在真實生活中的嚮往嗎？這時空會批評所有批判者嗎？我們能夠活在這種相應於現實的時空裡嗎？[1]

伯瑞奧德（Nicolas Bourriaud）這一連串精闢而尖銳的詰問，說出了我的心聲，也提醒著我們如何靜觀閱讀你的作品的每一時刻。

相信，認識你的人，不管喜不喜歡你的見解、你的論調，都有深切的共同感受。也就是說，向來，你在臨床上溫柔的慈悲，思想上獨特的開創性，從早期的民俗醫療、文化諮商，中期的臨終關懷、柔適照顧，直到晚期的人文臨床（諮商）、身體空間與宗教療癒，一路走

1 引自尼古拉斯・伯瑞奧德（Nicolas Bourriaud）：《關係美學》，黃建宏譯（2013），頁70。北京：金城出版社。

來，你的關懷始終環繞在人世間「苦」的現象與「受苦者」的生命處境。也因此，如溫火烘焙般，你在人文思想與生活實踐上的驚艷啟發，因緣聚合了這本文集的誕生。

你內心深處似乎有股難以捉摸、不可測度的神祕力量，航向未知的領域。敏銳而精粹的哲學沉思餵養了你獨特的性格所需要的一切。你用這樣的知識，或者所謂的「精神性生產」，任性而獨斷地帶領跟隨者走向天堂，但我們能否愉悅而便宜的享用，實可懷疑。你所要追尋的是一個史性的靈魂，同時希望呼喚這樣的靈魂投入一種更具意識的、獨異性的生活。但我們始終跟不上你的步伐，望不見你的眼界，更感受不到你的孤獨與惆悵。

你的生命常常是如此隱晦，要理解它，要把握住它，總是不容易的事。而這種隱晦的氣質，一方面來自於你自身實體的神祕性，另一方面則來自於佛法世家的精微深沉之境；它是如此賦有絕對的魔幻氣質，猶如詩人的作品般充滿自由的跳躍節奏，且深富音樂般的柔和調性。

之二

你是台灣心理學本土化運動的「另類」與「異數」。你開啟風氣，引領思潮，一直努力地試圖從狹隘的地方主義中解放出來，但既是敵人也是最貼身的損友，始終不放過我們。難道真要趕盡殺絕嗎？

問題是：今後，我們如何在這學術思想斷裂且分裂的世界共同生存？

葉啟政曾經略帶感傷的如此形容你。他說：

一點都沒錯，因為使用著既艱澀詭譎、又刁鑽的語彙，更因為讓概念一再地溢出了心理學界習慣的概念系統，德慧成為台灣心理學界裡的一個「異數」，許多人是對他不滿，但總不願意行諸於表，只因為他使用怪異的語言表達著怪異的想法，彷彿帶有著魔咒的力道一般。正因為這遠遠超出他們的理解範圍，一不慎，任何的批評都可能招致詛咒，這不划算。況且，這又將顯得自己少見多怪，何必呢？還是讓他自己一個人去玩吧！不去理會原本就是最好的懲罰。尤其，他自己自願地由中心發放到邊陲，就已經是一種最好的自我懲罰了。[2]

「人文臨床與療癒」此一心理學本土化運動剛要起步，你，卻不告而別！（也唯有你明白自己的去處！）。未留下隻字片語，或者你早就已為自己寫好了各式各樣的墓誌銘，如同這本文集所呈現的。

2 葉啟政：〈感懷德慧〉。於「余德慧教授紀念學術研討會」上的講話（2012.12.08）。台北：國立台灣大學心理學系。

「時間一點一滴地消失／像一支蠟燭漸漸燃去。」（葉慈詩句）。

所有事物都有自己的螺旋，有它自身力量的運作形式，也有它獨特的存有方式。當理性已無法幫助我們解釋這個世界，是否可能喚醒「某種已被遺忘的冥想方法，主要是中止意志，使思想成為自動的，成為一種可能的與幽靈交流的工具。它將我們帶向變幻的道，我們學會了這樣稱呼它。」[3]即便這對象是個任性而孤獨的靈魂，我選擇相信這依然是可能的，並如此企盼遠去幽靈的永恆回歸。

用這篇短文來紀念你，或者追悼你，是我最不滿意的方式。再回首，你的每篇文章每個句子，滿載著你未完成的深深期盼。而我只能仰望，仰望最最遙遠的那顆恆星，不遠處，銀河緩緩流過。而你正在那兒，是嗎？

自你走後，三百多個日子，從一站到另一站，風景在改變。

但，我們為什麼「想起」，又為什麼「遺忘」？這記憶的風景，教我怎能把它「遺忘」！而我真想問你：「那天之後，你去了哪裡？和誰在一起？在做什麼？」

你的離去所拉出來的距離使我們更容易真實的重新認識你。從迂迴的轉進中，我們才能穿過層層迷霧，在時間的長河裡，回歸彼此共在的、微妙的精神國度。

確實如此。你始終會長久地留在我們的記憶中，就像我們都曾經活在你的記憶中一樣，我們會感到幸福的。

七星潭的浪潮，起起落落，有高有低，遠處暮色蒼茫。而遠處，不就是清水斷崖！

浪潮，日日夜夜，拍打著沙灘上的鵝卵石，浪花，久久不散。

看似激情，卻何等凝重。

本文作者為中央研究院民族學研究所副研究員

3 葉芝（葉慈）：〈獻辭〉，頁2。刊於威廉．巴特勒．葉芝（葉慈）（2006）：《幻象》，西蒙譯。北京：作家出版社。

〔推薦序二〕

跟著余德慧讀書

李維倫

人找書來讀，書也找人來讀。前一句理所當然，後一句又該怎麼說呢？

這本以余德慧教授生前所寫的書籍推薦序為主的書就可說是「書找人讀」的例證。本書所蒐集的書序大致落在二〇〇〇年之後，但也有遠至一九八四年；內容包括了臨終生死、靈性修行、心理助人、以及人間情懷的抒發等。大致上我們可以這樣說，台灣這十數年來關於生死靈性與助人轉化方面的相關書籍，多會找到余德慧教授來寫序，為讀者大眾做個導引。余德慧教授與這些書之間就形成了一片閱讀風景。如今心靈工坊將這片風景集中呈現在讀者面前，我們看到的不只是一位學者的文筆思考，更是台灣近年來在人文心理靈性上的一股思潮風光。有了這本書，我們就可以跟著余德慧讀書，像是有了一個閱讀的總脈絡，指引我們踏上安定心靈之旅。

余德慧教授又是一位怎麼樣的學者，讓這些書來找上他呢？我想慈濟大學宗教與人文研究所所長林安梧教授對余德慧的形容最為貼切：出入生死、幽明來去。據余德慧教授的師長舊友言，他早年浪漫倜儻，對人情世事常有不拘世俗的看法；關注華人社會中的心靈受苦，但又是一位非典型的臨床心理學家。一九九五年從全台首學的台大移教花蓮東華大學，自認為最好的選擇，並專注於臨終照顧與宗教靈性的研究。至此余德慧教授出入來去的，不只是人間世俗的範疇，還有生死幽明之境；其學問文章，也就成了學生與讀者大眾在生死聖俗間的思想中介。

雖然其為人為文從浪漫倜儻到生死幽明，余德慧教授所中介呈現的閱讀風景之旅卻是要倒過來走，也就是從生死瀕臨知見自我誤識，再回返修行工夫寬諒人間殘酷。本書的編輯大致上也是以此為順序，容我説明如下：

跟絕大部分心理學家不同的是，余德慧教授深深質疑以「心智自我」造就出來的現實。這個心智自我並非某一個人所擁有，也不是因智能高低而有所分別；它是在世界上的常人共享且用以建立「常觀」、驅逐「異常」的思維態度。對心智自我來説，人生最大的「異常」也是最想去除的，卻是人人都將抵達的死亡。然而余德慧教授從他的實務研究上看到，死亡不是人生的挫敗而是恩寵；其所恩寵者即是讓人得以脱離自我的誤識進入存有的寧靜之中。當人在世急急忙忙汲汲營營，感到時間的困窘時，死亡卻贈予人們最屬於自己的時間。這話聽起來矛盾，但余德慧教授用種種説法説明給我們聽；這認識不容易，但有余德慧教授起了個頭，我們大家就有機會體會到「生死共命」。

余德慧教授對於宗教靈性的理解，自然不會隨心智自我的價值起舞。對他來説，靈性修行不是世俗成功的勳章，卻可能在道德裂隙中滋生。許多宗教的教門論述要人們行善福報得善終，他卻提醒這其實是心智自我的編織，極可能對人生的不堪處行使殘酷。余德慧教授雖不以教門為準，但也不以教門為忤；他並不帶給我們二分對立的思維，而是引領我們進入存有的原初處境。

余德慧教授堅持自己是一位臨床心理學家，而深識存有原初性的他自然拒絕心理受苦被精神病理診斷學綁架，因此他對心理諮商與心理治療就有了獨樹一格的看法與實踐。余德慧教授認為心理受苦實是倫理受苦，是人間的倫理規範使得情感難以有出路，因此他強調人與人之間的原初倫理，接引受苦之人的原初情感。余德慧教授並不反對心理師專業化的建制，但期許心理師成為真正的心理治療者，讓受苦者依靠。這樣的心理治療者要能夠反出專業知識的限制，深入廣袤的人性空間，同時也要能帶領受苦之人悠遊於人情義理之間。這樣的治療者技藝並不容易養成，但最關鍵的要看心理助人者要不要認了這條路。

如此看來，就能明白余德慧教授對底層生活者不可言喻的溫愛。底層生活不僅指貧窮生活；富有之人也會有靈魂深處的煎熬，一無所缺者極可能遺失了匱乏。余德慧教授敏感於說三道四泛泛之談所遮蔽起來的人間圖像，他要為人生不堪聞問處與倫理不及處尋得人間寬容。這樣的傾向，我認為，即是他舊友口中的對人情世事不拘世俗；現在看來，恐是余德慧教授一生無法擺脫的柔軟慈悲。

如此，從本書的三個主題，「瀕臨／生死道場」、「靈知／身心轉化」以及「祕思／詩意綿延」，我們得以見識余德慧教授帶領的一路閱讀風景。在當今台灣媒體以殘酷的爽快來荒蕪我們的心靈生活時，或許這片風景可以讓我們溫潤寬諒滿溢胸懷。

而我正是因這片風景而獲得滋養之人，謹為之序。

本文作者為國立東華大學諮商與臨床心理學系教授兼系主任

〔推薦序三〕

看似無序卻有序：傾聽地閱讀余德慧教授「說」書

林耀盛

文之序：閱讀沒有固定起點，盡是通往充滿詩意人文涵養深度風景的窗口

這本書，是紀念余德慧教授逝世週年的致敬作品。余老師生前飽讀各類書籍，以柔軟慈悲的溫潤心思，搭配講真話的批判風骨所寫出的各式序言、時論、散文，以及專刊（欄）文章，分散各處。如今，以余老師為書本推薦導讀或書寫序言作為主體，搭配其他重要文類的選輯，結集成為這本書。

書籍、翻譯或論文合輯，出版時經常包含序文。序文是一種開端，一種導論，一種介紹，但可能也是一種個人風格閱讀觀點或是意見評述。序文，可以正經八百、引經據典；當然，也可以音隨詩響，純然是一種風雅頌賦比興的隨唱，可以興，可以觀，可以群，可以怨；也可以是長篇大論，當然也可以是充滿禪意的極短篇，頓悟後的嘎然而止。

有時，序文涉及一種臨床現場的評論（clinical／critique），所以，隨著不同現場的文

本，逐漸建立評論系統書寫，也是一種原創作品的傳統。藉由序言所引介的書籍，可以延伸到所介紹圖書之外的相關書本，這就不僅是導論寫序的書籍本身的閱讀，更是繁殖至其他書本觀點的接引，書中書、書外書、乃至不同書本的並置閱讀，納入序言的寫作系統，使得序言評述也成為一種意義／異議文類。如此，序言也是一種寫序者涵養論點的呈現，審度忖思序文，也可以成為理解、接近撰序者的一種沒有固定起點（任何一本書的序言都可以是起點）的開端。因此，余老師撰稿的序言、時論或專刊（欄）文章的合輯，無論是推薦何類書籍、不同寫序風格的展現，或是其他文章的系列書寫，某個層面來說，這本書也是一本進入余老師思想遺產起點的重要原創作品。

當初，這些散落各類書本、雜誌的序言或文章，如今以「海不辭水，故能成其大」一般的包容匯流起來，成為各位手上的這本書，這是另一扇閱讀、觀覽余德慧教授在學術思想之外，另一面充滿詩意人文涵養深度風景的窗口，值得細品與珍藏。

進一步看，余老師的文字思想所沉澱出來的風格藝術，創造出書寫藝術就是「大地之歌」，這「歌聲」是一種本真的命運性的「痛苦」，這本真的「痛苦」卻是一種真正的快樂。詩人里爾克（Rilke）是貧困時代的詩人，曾說這種快樂是生成詩人的本質。詩人因此「痛苦」而感受到深刻的愉悅，進而歌唱這種愉悅，這就是藝術何以可能的內核根基。藝術總是充滿各種創造真理的場域，以苦痛鍛鍊出來的生命詩歌，有時雖會體現出各種奧祕主義的體驗現象（各位可在本書中發現如此的痕跡），但終究是立足大地、仰望天空、等待拯救，以生命成就書寫藝術，在苦難中的愉悅所凝聚轉化通透出的真知灼見與本真行動。

余老師的文字，有時許是「後現代諾斯替（Postmodern Gnostic）」靈知派風格。諾斯替認為我們苦苦追求的知識，其實是為了體驗與修行。諾斯替知識作為一種精神活動，與哲學的理性認知有著極大的差別：一方面，它與啟示的體驗緊緊聯繫在一起，或者透過神聖的奧祕知識，或是通過內部的覺悟，以對真理的接受取代理性的論證，它作為對人狀態的調整，本身就肩負起拯救的職能。另一方面，諾斯替派，是徹頭徹尾的異質，先天就必須被標示為異教徒，擺明了對自我存在的抵抗，而不是自我的撫平；擺明了一種對知識的急遽拉拔，而不是緩慢的醞釀；同時它也擺明了自身的異端，由此也產生自我裂解的必要。如此的異質觀點，也反映在余老師對於書籍的閱讀方式，直逼到書籍背後的底線，以自我裂解的方式編織進入書本內裡，然後以渾成的生命經驗，讀出奧祕性體驗，再一語說破當代人的癡迷。

文之序：是存有異化的見證，書寫的回憶也喚起存有的遺忘

如此，每一篇排列看似「無序」的「序言」，卻是有序地點現出一種卡夫卡式的風格。卡夫卡（Kafka）的《在地流放》，早已預言了機器發達資本主義，終將異化人性的故事。強權者使用一種古老的機器，機器將花體字母刻畫到罪犯的背上，印刻的傷痕增加，圖案不斷累疊，直到犯罪者的背上，有了預見力，能夠自己辨認出這些字母，讀出自己所不

知曉的罪名。這就是扛著罪名的脊背。同時，犯罪刑台刻字的凌遲，也成了一種景觀。卡夫卡的作品中，隱喻地說，背上一直都背負著某種責難的罪名。余老師的多重序言，某個程度上，也是。

余老師的文字思想，有人認為艱澀難懂，有人認為語法費解，但那是用生命刻鏤出來的閱讀經驗分享。余老師早已認出人性異化與科技支配的雙重過失，嘗試指出人文精神的復甦，是可能的療遇之道。若不回到人文精神的臨床反思，人類將不過如思想家傅科（Foucault）所說的，人是短命的歷史化身，猶如「沙灘上的足跡」，浪濤襲打而來就蕩然無存。余老師的風格，是向來不被既有的意念或概念限制，而能通透自由的智慧越界，更能「不動心」（ataraxie）。不動心，即使面對責難，或被視為異端，仍以智慧勇氣面對各種挑戰，顯現不受到任何情緒影響的寧靜狀態。閱讀余老師每篇書籍的序言，就可體會書寫當下，所背負的各種可能責難的心思狀態。

當然，這個罪難的標記，或許是在我們自己身上，只是，我們喪失辨識的清明心思。不過，透過余老師的文字，可以直抵「黑太陽」，讓我們直面生活中的生死大事，以及碰撞身心靈性轉化道場的艱苦功課，使我們可以從「存有的遺忘」與「記憶的剝奪」處境下，找到歸來的路途。精神分析寓意下的「黑太陽」，是一種「抑鬱」，是一種悲痛的深淵，一種無法溝通的哀愁，有時候，而且是長期性地，從我們的身上取走文字、行動，甚至生命本身的意義。但如此的「抑鬱」，也「意欲」將我們帶往「異域」，這是一種「流離失所」的擔憂狀態。思考的困難、書寫的痛苦，是置身精神異鄉的徵候，也是老師透過文字書寫表達，樂於推薦書籍的翻轉時刻。於是，當迷路時的守候，是為了找回追憶、思念與往昔；有時，不是找不到路，而是路向太明確，以致於猶豫，生怕是否回到不再熟悉的陌生地，且主人還在那裡嗎？

或許，不是近鄉情怯，應該是想像家是一種離不開的方式，擔憂一腳陷入「精神異鄉」的漂泊；但不曾遠離，就不會懂得回家。因此，家是一種弔詭的所在，鄉愁是遠離，失所是遠去，哪裡是存在者的家？有道是：人無法選擇自然的故鄉，但人可以選擇心靈的故鄉。我們心靈的歸宿，不斷在找路、迷路，或是封鎖出口，或是等待歸鄉。但無論如何，坐下來，傾聽地閱讀這本「說」書，會讓我們感受到，即使是人們記不得路，書寫仍然召喚著這個回憶，它以此召喚著自己，把自己從回憶中叫回來。

文之序：一場存在交談的餘音，讓彼此進入境域融合的伴行關係

這麼一來，閱讀本身彷彿就是一趟自我精神分析的路程。關於精神分析的實際操作，佛洛伊德（Freud）認為就像棋譜一樣，往往只有開局與結局的呈現，其過程依個人的不同而變化萬千。許多方式是依個人的習慣而定，分析師也應依被分析者的特質與個人的理由作適當的調整。本書的閱讀位置，當然不是去複製體驗或製造定論，而是透過本書所收藏的不同

書本的序言或感懷文類，當閱讀每一篇文章時，彷彿是在下不同的棋子，讀者以自我佈局的策略，深刻體會不同書寫文字所構成的棋盤局勢。每一次的閱讀經驗的啟動，就像是歷經棋盤局勢變動中，不斷尋找自我精神的位置。如此，寫與讀、說與聽的互為關係，也同時開啟自我分析的路程。

詩人賀德齡（Holderlins），有一句著名詩句：「自從我們是一場交談，並且互相聽到起」。聽到，不僅要相互聽到對方，還要求彼此真正能聽取而交融互疊，打開每一個有限視域的局部性。這種積極的聆聽向度，一旦打開之後，交談對話才真正進入互動的相融時空，也才開始相互回響應答，彼此產生交互奏鳴的餘（余）音後遺效應。如此，再遭遇怎麼樣的黑太陽，也就可以尋找到相互同行的伙伴。

於是，我們在如此互相傾聽地閱讀，以正念／覺照／脈伙（mindful）的處境脈絡下所形成的伙伴關係，緊密形成一個共同參與、共享共有，且充分交流之存有共同體的新組合結構。關於mindful這個字，余老師有深意的以音譯方式，指出這是在生活裡，採取一種非常精緻的內在覺照。但這個音譯的延伸意涵，其實也是點出了覺照不僅是個人的事情，而是在一種共在、成為伙伴關係的脈絡下，以覺照的心思互相理解。如今，聽余老師的「說」書，這本書的序言文體組合結構，正提供了一個視域融合的平台，使我們透過閱讀理解置身所在，進而回應變動時代的罪愆，為生活的倫理困境尋找出路。

當然，序言總有未能說出的另一個地方，如此也讓各本書的生命保持在隱晦之中。與其說未能說出的隱晦是一種禁止，不如說它呼喚著被破解。

永恆缺席的字母，破解的密碼，要能道出一切，只能發明字母，解譯閱讀的密碼。閱讀成為一種存在，是呼喚這個密碼的姿態。本書是各式各樣序言、文類拼盤所構成、端出的精神食糧，所承載的詩意與書義，彷如「人生殘缺，一碗承受」。正因還有未能說出的，所以，說得更多了。

餘（余）外之音，留待讀者的細膩諦聽。

本文作者為國立政治大學心理學系教授

〔推薦序四〕

慈光籠罩的時刻

蔡怡佳

閱讀余老師這些為書籍所寫的推薦序時，正是我的媽媽因為長期照顧中風臥床的爸爸，身心俱疲，自己也開始生病的時候。老師的這些文章講述生死道場與靈知奧祕，讓我憂慮、不知所措的心漸漸安靜。這幾年不時出入醫院，常常是因為爸爸，最近又因為媽媽。在醫院會看到很多人，很多不同年紀的人。漫長的候診時間，我最常埋首書中，把自己當成過客，偶爾抬起頭，看看周圍的人群。漸漸地，我不再覺得自己是個外人，而感覺自己是這幅風景中的一個小點點，和周遭的人們共同織成這片人間景象，在其間的苦樂之中穿梭。

媽媽住院的第一天，我們姊妹幾個人陪著她，就像當年我的小孩剛上小學，開學的第一天，被奶奶、阿姨、媽媽簇擁著上學一樣。媽媽不習慣當病人，一下子被推入住院的處境，既緊張又憂愁。躺在病床上時，看起來像是個乖巧，有點驚慌的小學生，我們在她的周圍喧鬧嬉笑，就像尋常在家的氛圍。我們喧鬧著時，她的眼睛望向別處，彷彿在另一個世界。這一天，我要離開病房前，她說：「我在這裡很安心，我很喜歡這裡。」

小時候，我們很喜歡和媽媽玩一個遊戲，把最小的妹妹用毛巾被包起來，當做包裹，送給媽媽。媽媽每次把包裹打開，看到妹妹時，都會露出十分驚喜的表情。儘管這個遊戲不斷重複，我們還是都會在那個媽媽打開包裹，看到妹妹的高潮時刻，歡呼相擁。我們把這個百玩不膩的遊戲叫做「送媽媽一個禮物」。媽媽看到妹妹時充滿驚喜的表情，對我們來說，就是這個世界伸開雙手、熱切地歡迎我們的印記。

如今，在原本令她害怕的病房中，對著我們說：「我在這裡很安心，我很喜歡這裡」的媽媽，讓我想起當年的那個遊戲，以及在那個遊戲中，籠罩著我們的慈光。或憂或喜、或平安或遇磨難，一直不曾離開的慈光。

讀著余老師的這些文章時，也是被慈光籠罩的時刻。我們在人世的波濤中浮沉，老師的文字帶我們滑向根底之處，在最苦的時刻，明白了蒙恩的滋味。老師的文章是慈光的恩賜，在我的黑暗與苦痛中，領我聽見大地呼吸的聲音。

本文作者為天主教輔仁大學宗教學系副教授兼系主任

〔推薦序五〕

追尋一個逝去未遠的身影

彭榮邦

最近的這三年，我陸續失去了兩個親近的人，一個是與我結褵七年的妻子，一個則是與我相識二十多年、帶我走進人文心理學領域的恩師余德慧教授。短時間裡痛失兩個親近的人，讓我對於「失去親人」這件事情，有著深刻的體會。我這裡所說的「親人」，不必然是血緣之親，而是關係之親。親人和我們的關係總是盤根錯節、交雜著愛恨情仇，但是他們的一顰一笑、一舉一動，總是不自主地牽引著我們，深刻地影響著我們的生命樣貌、我們的存在安適感，以及我們的自我感受。因此，失去親人不僅是失去一個同在之人，它對我們的生命而言，亦是一種深刻的撕裂傷，原本是面容相對之處，頓時成了毫無回應的虛空。

一年的時間說長不長，說短不短，但就「失去親人」這件事來說，似乎總得走過完整的一輪春夏秋冬，我們才會深切地體認到「逝者已矣」，那個我們親愛的人，真的和我們已經不在同一個世界了。

余德慧教授的辭世，至今也快一年了。這一年來，我們幾位師承余德慧教授的弟子們，每個月在老師家裡有一次名為「余居於世」的固定聚會。「余居於世」取自「寓居於世」（being-in-the-world）的諧音，一方面點出余德慧教授的思想傳承（深受德哲海德格〔Martin Heidegger〕影響的現象學心理學），一方面也點出這些弟子們的心思——希望余老師開拓出來的學問道路可以餘（余）音迴盪、長居於世，不會因為他的嘎然辭世而斷了香火。

然而這個香火該怎麼延續，甚至，我們到底要傳承什麼樣的香火，其實一開始並不清楚。我們就是固定聚會，時間一到就往老師家報到，每次都有人輪值報告，之後再由其他人回應。一開始我總覺得老師還在看著，或許是隱身在屋裡的哪個角落，任我們七嘴八舌，狡黠地笑著。後來比較沒有這樣的感覺了，卻察覺到在每個人身上，多少都有余老師的某些話語姿態、某種特屬於他的身影。這樣的感覺，在幾次聚會之後愈發強烈。我逐漸發現，雖然余老師的肉身已經消逝、化為塵土，但是他卻彷彿投影在我們每個人身上，只是化身千萬，藏在那些被他點亮的思想裡，在那些與他交會的生命經驗裡。

斯人已逝，卻未遠離。我們只是沒有發現，我們在悵然中一再追尋的身影，其實並不在未知的他方，它早在我們身上成為某種生命的微光。只要我們重拾這些微光，它們終究會匯聚成為更大的光亮，有如內在的火炬。而在火炬之下，我們會看見余老師巨大的身影，與我們一同前行。

余德慧教授為許多好書寫過序言，它們彷彿遺珠一般，散落在各處。感謝心靈工坊在余教授過世週年之際，費心將這些序言編輯成書，讓這些智慧話語不至於成為遺珠之憾。我知道余德慧教授的文字曾經在許多人困頓的時刻，點燃了些許光亮。或許這些讀者可以藉由閱讀這本書，和我們一起追尋那個逝去未遠的身影。而那些還沒有接觸過余德慧教授文字的讀者，我相信，這本書總有一些段落，會成為你生命中的微光。

本文作者為慈濟大學人類發展學系助理教授

目錄

輯二●靈知／身心轉化

輯三●祕思／詩意綿延

〔前言〕

身心靈書籍的演變

大約在六十年代，美式的「心靈解放運動」透過反越戰的熱潮而崛起，提摩喜（Timothy Leary），一位因試驗品嚐LSD而遭哈佛大學解雇的心理學教授，帶領加州的越戰抗議者比出心靈解放的手勢，同樣被哈佛大學開除的伙伴雷達斯（Ram Dass）則以心靈導師的身分領導美國身心靈運動，在學界，存在主義的心理學家、哲學家以及現象學家參與了身心靈療癒的理論工作，而使得身心靈運動在學術界的一角獲得歇腳的機會，在七十年代慢慢醞釀出「新時代運動」，參與的學者融合物理學、數學、心靈學、中國的老莊、西藏的佛典、中東的蘇非、印度的瑜珈、北美印地安的薩滿，提出一連串的身心靈修煉之道。

這身心靈療癒運動一波波往前推移，在八十年代末期，新時代運動遭身心靈界的批判而走下坡，繼之而起的是九十年代的實踐身心靈運動，這個運動以臨終照顧為核心，發展出許多生死有關的實踐議題，也帶動身體——心理——靈性為主軸的心理照護。這條身心靈運動的本質既非勵志，亦非宗教修行，而是繼六十年代的政治抗議所轉變成精神養生的綜合體。

首先，它不是勵志。身心靈運動從社會抗議轉入內心活化，因此有很強烈的反俗世性格，在理論上，俗世的心靈被稱為Ego（自我），在勵志的脈絡下，「自我」是被肯定的，無論己立或立人，都必須使自我精壯，而精壯的自我成為處事成功的要件。中國傳統的勵志書，如《了凡四訓》、《菜根譚》、《小窗幽記》都有明顯的處世技巧的探討。《了凡四訓》強調行善可以成功升官、延壽，《菜根譚》則以二元的對比與辯證指出各種應事理法、尺寸拿捏之道，而這些精壯自我卻是身心靈所批判的，認為「自我」所造就的現實其實是阻礙心靈開發的元兇，人無法獲得心靈本心的認識，正是因為受阻於「自我」的「妄識」。

身心靈運動的「反自我」是有原因的。許多實踐的身心靈運動是從人的苦難處出身的，尤其是末期癌症到死亡之間的時間，病人特別受難，一方面外在世界已經逐漸證明其無益於身心靈療癒，即使擁有最好的醫療、最成功的事業、最美好的人間關係，都與眼前的死亡疏離，繼續把心智投入這世界其實是徒勞的，另一方面，「內向轉向」（inward turning）成了一種死亡前的反歸家園，我們真實地感受的內心的害怕、愛、喜悅與痛苦，也希望有相關的論述來支持內在轉向之後的精神領域。

其次，它不是宗教修行。一般宗教修行以教門的教義為修行的框架，依教奉行。但是身心靈療癒並不遵行任何宗教的教義，雖然身心靈運動者可能會在泰國叢林修行，或者在西藏及其鄰近地區（緬甸、尼泊爾、北印度或不丹）追隨喇嘛古魯（Guru），但是他們的論述自由出入於老莊、佛、基督、蘇非（Sufi）之間，他們冥想的論述可以摻和禪的靜坐、道的丹功與天主的冥想，身心靈修煉者從不忠於任何宗教的意識型態，也不舉旗迎這拒那，望似聯合國的雜牌軍，其實反而是朝向更自由寬廣的心靈世界。

再者，它不是哲學。身心靈運動的論述全非哲學論述那套語法。表面上身心靈書籍與存在哲學很親近，但是那只是觀念的親合，在根本的意涵是非常不相類的。身心靈書籍不太理會思辨，反而類似宗教文本，對某些觀念大力推展。身心靈書籍論述有非常清楚的選言綜合，他們雖然毫無顧忌地使用哲學家的話，但絕不是去質疑它，而是用來輔助自己的觀點。一般的身心靈哲學也不會參考這些身心靈書籍。

實踐性的身心靈書籍通常會在某些特殊領域發揮特定的效果。以索甲仁波切的《西藏生死書》來說，這是一本綜合藏佛大圓滿教法的實踐版，人們可以從前半部獲得具有啟發性的「反俗世」念頭，但在後半部則以臨終照顧的具體施為為著眼點，索甲將藏佛臨終中陰的各種情況放入具體的病人處境。他的弟子龍雅可則是從生活經驗層面，將自己喪夫的過程以及她如何參與安寧照顧的方式，搭配索甲的論述而成為非常實用的準則書。最富有代表性的《好走：臨終時刻的心靈轉化》（*The Grace in Dying: How We are Transformed Spiritually as We Die*）這本書則以蘇非的心靈圖誌為引導，細數臨終的各種狀態，以超個體心理學的論述來疏導人們對死亡的恐懼。許多讀者在他們的親人過世之前，發現這些書是他們在徬徨無依的時刻，所給予的最大的指引。

這世間的知識日益膨脹，但對身心靈的認識卻幾乎不存在。瞭解生理的醫師越不過心理那一圈，瞭解自我心理的心理學家越不過靈性那一圈，而似乎瞭解靈性的宗教師卻常常引經據典到與事實脱節，甚不知所云。許多初接觸身心靈書的讀者常常會覺得不得其門而入，一方面人們越來越不相信那看不見的「領域」，如靈魂、能量、本心等慣用名詞，不是覺得過度抽象就是覺得實證性不夠，另一方面，身心靈書的背後假設與一般知識書很不相同，如果讀者用他的習慣態度來閱讀，往往難以接受身心靈書的論點。

我個人因為長期在臨終病房擔任志工，也做了多年國科會的專案研究，包括對臨終神聖、臨終啟悟、臨終陪伴等議題，使得我不得不注意身心靈書對家屬的幫助。許多朋友在他們親人往生之前，徹夜哭著讀這類書籍，使我動容。我發現，對面臨深淵的人來說，身心靈書籍要有幾個特性才能發揮身心安頓的力量：（一）作者必須有經歷深刻體驗的受苦歷程，並能將受苦與離苦的中間步驟説清楚，而不是談玄説道，信口開河；（二）必須將實徵與理論扣緊，讓引導的圖像具體跟著實情走；（三）作者有深刻的啟悟經驗；（四）不傳任何特定宗教。

我曾經讀過最具震撼力的身心靈書是哥倫比亞大學神學教授盧雲神父（Father Henri Nouwen），他毅然放棄教職，到一家重殘病患之家擔任義工，在他過世的那一年，他寫就一本小書《亞當——神的愛子》（*God's Beloved*）。亞當是他照顧的一個重殘小孩，無法言語、生活無法自理。盧雲的經驗剛好顛覆一般宗教的觀點，別人憐憫亞當，説他可憐，盧雲卻發現亞當的沈默神性。這是很深刻的東西，盧雲鑽研神學四十年，不如他當義工一年的啟悟。

身心靈書寫的不是知識而是體驗。許多假身心靈書會偷渡超心理學[1]、宗教意識型態。身心靈書籍的正典性來自於對身體的重視。但是對身體的重視不在於養生（如道家的成仙之道），而是某種現代意義的「道成肉身」：身體是修煉場，我們在身體的作為裡創造精神（神性）的力量。

（本文原載於《書香兩岸》，二〇〇九年，第九期）

1 超心理學（parapsychology）是典型的胡說書，大言惶惶談宇宙能量與異象。超個體心理學（transpersonal psychology）則是由義大利醫生阿撒鳩利（Roberto Assagioli）創建，試圖從傳統心理學轉渡到靈性領域。兩者完全不同，讀者不可不慎辨。

輯一

瀕臨＼生死道場

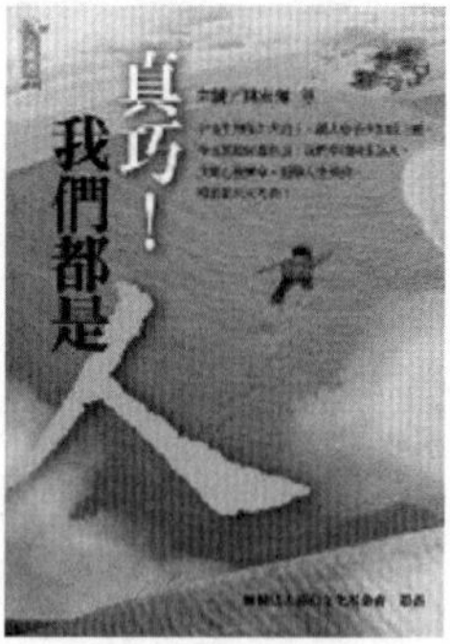

《真巧！我們都是人》
作者：林宏熾等／主講
出版社：慈濟傳播文化志業基金會（二〇〇九）

面對生死的姿態

面對生死的最佳狀態，就是讓現實和非現實都能並存並且感受之，能自由出入其間；進入現實，你當然在乎自己；進入非現實，你就不在乎了。事實上，我們一直在現實與非現實的轉圜之間；活著，就是在這兩邊轉動；亦即，生和死早就和我們發生關係了。

每每談及生死，長輩們總要怨我「哪壺不開提哪壺」，顯見大家都不太願意去談論生死；這是可以理解的。死亡這件事落到言談上，總是怪異；誰也不願見到一天到晚把死亡掛在嘴邊的人，多不健康啊！但在這裡，我們還是要問：為何禪師在修行時要參破生死？參破生死又是何意呢？

貪生——怕死

臨終者往生時，並沒有想像中那麼憂懼，他們不是被死亡嚇死的；真正被嚇到的反而是周遭的活人

長年在安寧病房工作，只消一閉上雙眼，我腦中就會浮現許多陪伴多時的亡者身影。由於工作環境使然，我常覺得不舒服，若是病了，便有醫師和練氣功的朋友極力勸我不要再進出安寧病房，就怕我的氣被吸光。這當然是朋友關心我的好意，但我本身倒不太在意；反正去或不去，最終都是死路一條，有何差別？所以我還是繼續在安寧病房服務。

因生病而觸及生死大事，我意識到：該是面對問題的時候了。坊間有很多書籍告訴我們，要勇敢地面對生死；但是，「面對」本身就是一個問題，而「勇敢」又是什麼意思呢？

無庸置疑，絕大多數人一想到行將就死，都會害怕不已。美國生死學專家，同時也是知名的精神科醫師庫伯勒・羅絲（Elisabeth Kubler-Ross），年輕時就研究發現，每個人都會貪生怕死，但後來也都會接受死亡。接受本身並不困難，問題在於：接受是怎麼發生的？真有「接受」這件事嗎？

正因為死亡令人害怕，所以人們致力於尋求不害怕死亡的方法。然而，二十世紀最偉大的哲學家海德格（Martin Heidegger）說，我們若不害怕死亡，根本就過不了死亡這一關；換言之，要經過死亡這道關卡，就一定會害怕。海德格認為，死亡是一個巨大的空洞，所以一定會引起人們的憂懼害怕。其實，害怕是好現象；若是不害怕，就不會轉動；只有害怕才能促進轉動。

住進安寧病房的人，大致心裡已有數，餘生將在病房中度過；有些家屬會在一旁竊竊私語：「現在直直地進來，一定會滿面愁容地橫著出去。」但依我們在醫院長期陪伴所見，橫著出去的人並沒有想像中那麼憂懼，他們不是被死亡嚇死的；真正被嚇到的反而是周遭的活人。這之中的奧妙在於，臨終者走上臨終之路時，已經在轉了；還沒走上臨終之路的人，則還沒有轉。臨終的人轉了，就很自然地過去了，不會有擔憂；周遭的活人因為還沒有轉，所以擔憂不已。

活人和臨終者最大的不同是：活人還想繼續活下去，而臨終者已經走在臨終的路上，是親自以行動在轉。因此，若是活著的人對臨終者說，你的時候快到了，你就要走了，臨終者會憤怒；若是勸告臨終者「你要放下」，臨終者會感到被汙辱。因為，臨終者是以實際行動，用全副生命在轉動，而活著的人只是嘴巴上說說罷了，臨終者當然無法接受。

轉動——空無

臨終者的腦細胞已經少到無法理解「我」的過程，這就意味著他們不害怕死亡。死亡的空無感是人類的想像，它從未真實存在過

那麼，什麼是「轉動」？臨終者為何會轉動？

根據我們的研究發現，每位臨終者最後都有一個機會背對社會、不理會社會，彷彿轉著轉著，就背對了社會。這種現象，我們名之為「背立轉向」。每一個人病沉到某種程度，便會自然地放棄社會性勾連，也會開始不在乎世間的聲名、地位與角色。經常看到一些知交滿天下的病人，在進入病沉之後，就會在病房門口掛起「拒絕訪客」的牌子，一堆訪客的花籃與卡片凌亂地擺在門外；它們的主人早已進入內在轉動的境界，真正陪伴他的只有夢幻與破碎的回憶而已。

這種轉動，他人無從查覺，是疾病讓臨終者自然地去接受；也許臨終者只是昏睡或是虛弱地躺在床上呻吟，但是轉動的旅程已經開始。只要細心地陪伴，便能發覺臨終者的心思轉動得很快；今天才說：「我要堅持下去，奮鬥下去！」明天可能就說：「都到這個地步了，

要放下走了。」他們的情緒轉變就在瞬間。

這主要是兩個機制使然。首先，是腦細胞的大量死亡，才講過的話可能沒多久就忘了；其次，在腦細胞死亡的過程中，患者已不太能理解社會意義，他自己也被掏空了。因此，其實不必太掛念臨終者生前念念不忘的心願，一切都是此一時、彼一時也，沒有一句話是長時間有效的。他們可能上一刻感到痛苦，下一刻又覺得舒服多了；這種轉動一直持續進行著，難以預料，也無法預料。

明白臨終者會有這種轉動，對周遭的活人而言，不啻是個福音；既然會忘，就會忘記生死，因為腦細胞已經少到不知生死為何物了。就像動物瀕臨死亡，也不太容易反省自身即將面臨死亡。人類在大腦最健全的時刻會考慮生死，但在進入死亡的過程時，就進入了無法理解「我」的過程；既不知我的存在，就意味著不害怕死亡。這也許是老天所設計的自動的熄燈號。有了這項安全機制，對死亡何懼之有？

然而，對活著的人而言這個熄燈號畢竟是可怕的。重點是，我們並不瞭解臨終者的意識狀態，沒有必要假裝自己很懂，而要去教導臨終者如何面對生死。相反地，是我們這些活著的人，該如何面對生死？既然我們沒有這個轉動過程，並且要繼續活在「我」的世界中，就必須知道這個核心問題：我們面對生死的姿態是什麼？

海德格說，死亡是一種巨大的失去、巨大的空無，大到我們的心智無法面對；因此，想到死亡便會不由自主地害怕。我要反駁這項說法。事實上，只有少數的人是如此，大部分的人都不會把死亡當成空無。因為，尚未經歷死亡，就無法體會何為空無；而當死神降臨，你已無法感覺，何知空無？

換言之，死亡的空無，根本是人類的想像；當你看到別人垂死，便設身處地想像自己也可能不再存在、不能再這樣和那樣。但是，畢竟一切都是想像；即使真的發生了，你也了無知覺，這種害怕的感覺自然無從發生，那個想像中的空無根本不會來到。更確切地說，那種空無根本不會被你感受到；你現在所感受到的，是想像中用來恐嚇自己的空無，它從未真實存在過，你根本從未有如此經驗。

只要確定面對死亡的憂懼是自己想像出來的；那麼，轉個身，聽首快樂的歌、讀點宗教的勵志文章，可能就快活起來了。想想天國之美、想想極樂世界，甚至是乘願再來，可能就不怕死了；就能在很短的時間內，從憂懼中恢復過來。

既然這個空無不存在，海德格的理論自然要被推翻。他說，因為死亡的空無巨大得可怕，所以讓人願意轉變，變成為一個真摯、願意聽從良心召喚的人，不再過著欺騙的生活。根據這個論點，人們寫出了許多文章。《讀者文摘》就曾刊載一篇，內容描述：美國一名牙醫被醫生判定只剩十年可活；於是，牙醫立即把診所關了，去實現多年的願望——當一名木匠。這類文章透過網路傳播出去，啟發了很多人；於是，有老師辭掉工作去環島旅行，汲汲營生的人不再為生活打拚而去實現夢想等等。當然，這類文章勉勵人要自我實現、忠於自己，也彷彿像童話般有著美好的結局。

但是，海德格這個理論在近年來的各種研究討論上，都不斷被挑戰和懷疑。結果是，上述這些因為害怕死期將近而變得真摯過活的人，其實並沒有處理掉他們對死亡的問題，死亡不會因為真摯生活而改變或停止。也許有人會說，心願已成，死而無憾；但是，問題其實並非這麼簡單。

牙醫改行去當木匠，即使這是他最喜歡的工作和身分，過不了幾年，仍有厭倦的時候；接著，「我要做什麼？」的困惑便會襲捲而來。顯然地，這只是童話式的結局，不能再有續集；否則，王子和公主可能走上離婚一途。換言之，以這種「遮蔽法」要簡單地蓋過死亡這個複雜的問題，並不恰當。

錯認——失算

我們不斷地「錯認」而做了錯誤的行為，這些行為讓我們往相反的路上走，然後因失算而痛苦；卻也因此，讓我們從沉迷中醒悟，瞭解到真正的事實

那麼，有其他解決死亡疑慮的方法嗎？

我們都還活著，就表示我們還擁有自我意識。雖然許多宗教譴責「我」的意識阻擋人生的解脫之道；但不可否認地，這個「我」的確存在。

人有可能縮小自我、或者消解自我，然後瀟灑地走嗎？這個嘗試是失敗的；因為，絕大多數人只縮小了一段時間後，沒幾天自我又恢復了。就像每天揹著二十斤米到山上送給窮困的居民，每回都感動地落下淚來；但連續幾次過後，就不會再流淚了。

我們總是試圖尋找一個解決死亡疑慮的根本辦法，但是這個辦法始終不存在；當我們企圖處理它，就會造成荒謬的結果。換言之，解決疾病和死亡的這個「針對性」一旦發生，結果一定是荒謬的。這是很重大的轉折。

舉例而言，有人虔信某種解脫生死的宗教，每天虔誠地讀經、聽開示，反省教義並不斷修為，一心一意企圖解脫生死。這樣求道心切的努力是很了不起；只可惜，把努力正好放到錯誤的位置上了。這就好比一隻被放進透明乾淨玻璃瓶裡的蒼蠅，牠望見瓶外的極樂世界或天國近在眼前，便一心飛往目的地；卻不斷撞壁，怎麼也到不了。

在安寧病房，我們最害怕看到極聰明的人；聰明的人知道自己生命將盡，會不斷追問如何才能解脫生死，獲得身心大安樂。一般沒讀什麼書的阿公、阿嬤並不會問這個問題，他們糊里糊塗地就走了；但聰明的病人會保持著高度精明的意識，他們自我要求不昏不昧，希望能達到一念往生的境界。但是，這樣的信念在安寧病房就顯得難以理解和諷刺；原因在於，他們愈是集中心念想往生所欲之處，便會感到距離愈遠、愈無法到達，與經書所說的「含笑九泉」差別愈大。

這是因為，他們用全副意識僅僅抓取一種名為「修行」的東西，是「抓」來的；但是，真正的死亡過程是「放」。愈是集中強烈意識面對死亡，就愈是無法到達目標境界，完全適得其反；這種行為叫做「錯認」。

我們對我們的人生，不斷地進行「錯認」而做了錯誤的行為；這些行為造成了虛假的想像，讓我們誤以為得以解脱或朝解脱之路邁進；事實上，是剛好往相反的道路上走。

明白被錯認所誤之後，我們就真能及時踩煞車、懸崖勒馬嗎？還是做不到啊！如何能不錯認呢？當一塊石頭還未進行雕琢之前，誰都説它是一塊石頭；但當它被雕成藝術品或某人的石像後，你會説這是什麼作品或直接説出人像的名字，雖然本質上它還是塊石頭。

直接説出作品名稱或石像所代表的人名，這個行為就是錯認，我們要回頭認識它的本質。然而，這也只是理論上的説法，事實上本質是無法認識的。所謂本質，就是隱藏看不見的；從未有任何物質是以本質面貌為人所見。石頭不過是簡單的物質例子，尚有更為抽象的精神層次，如何捕捉本質呢？這是不可能的。

因此，不要被我們的錯認所誤導。曾有一篇刊在《中國時報》的讀者投書，作者提到她公公生病了，緊急送醫後，公公就此病逝在醫院。作者不解地問：「現在的醫學不是很發達嗎？」她理所當然地認為生病要就醫，但壓根兒沒想到人會這麼死去。這就是被錯認所誤導的真實案例。作者失算了，但這個失算具有重大的意義；因為，失算讓我們痛苦，痛苦才讓我們從沉迷中醒悟，才可能了解真正的事實。

換言之，錯誤本身也是一個墊腳石，人就是靠錯誤這塊墊腳石轉身。失婚的女性一定很能理解：當初滿心歡喜地嫁給對方，全心全意甚至不顧一切地付出所有；等到婚姻失敗、結束一切後自己變得一無所有時，才醒悟到女人也應保有財產和獨立的能力，才能站穩雙腳。這個慘痛的經驗，未必讓女人害怕婚姻，但她不會再重蹈覆轍，會保有自己的獨立能力；若有第二次婚姻，通常會更健康而真實。

這就是真真實實的學習，不是口頭上的理論，也不是價值、主義這些高渺的目標，一切按部就班。面對死亡，我們可以按部就班、務實地一步一步來，不必再談超生了死的闊論。

反社會——修行

修行，就根本而言，其實是反社會，對社會普遍價值觀如名利權勢、聰明才智等進行抵抗。順應社會容易，抵抗社會艱難；修行的著力點就在抵抗社會

依上所述，很顯然地，刻意的修行因為針對性太高會犯下錯誤；一個人練氣功，就算練得再勤、再好，同樣都得面對死亡，只是遲早罷了。這樣的用功，與其說是修行，毋寧稱之為運動。什麼才是真正的修行呢？找到一位上師、在一個靜僻之處修習大圓滿法呢？或者在日常生活中就得以修行？

一般傳統中的修行，已有刻板的意識型態，即建立在既有的宗教價值觀上。如台灣的佛教徒，每日念佛、誦經、早晚課，行禮如儀；南傳佛教徒看到台灣這種修行現象都不覺莞爾；「佛經是用來念的嗎？」他們感到疑惑，不能理解為何要誦經拜懺、還要固定念多少遍等等。

南傳佛教徒把自己的身體當道場，用乞食托缽的方式來對治世間財富的貪執，並觀察身體脈輪的運行來修行；他們笑我們的道場是，哪家素菜有名就哪家香火鼎盛。在我看來，這不過是五十步笑百步。但我寧願不去批評各種所謂的「修行」方式；因為，錯誤有錯誤的好處，正確有正確的壞處。

為何要念誦《阿彌陀經》？《阿彌陀經》的內容是釋迦牟尼佛介紹阿彌陀佛之西方極樂世界的種種殊勝，以及往生西方極樂世界的條件等。不就是佛教的文獻報導嗎？每天念誦它，與念新聞稿何異？但錯有錯的對處。念誦佛經，就完成了念誦這件事。就只是念，與理解其中深義無關；正因為念誦本身不具意義，所以我們能不思考；大腦不運動，就不會起心動念，集中意識去抓取任何意念；而不抓不取、讓意識行雲流水，讓身心得以自在，這就是好事。

西藏噶舉派祖師、家喻戶曉的大成就者密勒日巴尊者，他在人跡罕至的大雪山獨自苦修成道。一日，他的妹妹到山上探望哥哥，見哥哥全身衣衫襤褸，就做了一個套子，想讓哥哥至少將下半身的私處覆蓋住；哥哥對妹妹說，依這個道理，那應該再做十個套子，將十根手指也套住才對。這段對話所揭示的意義是，修行的最大敵人其實是社會觀感。

修行，就根本而言，其實是反社會，對社會普遍價值觀如名利權勢、聰明才智等進行抵抗。如唐朝天台山高僧寒山和拾得，他們起初在寺院裡從事低下的伙夫工作；直到有人發現他們深藏不露時，他們立刻離開寺院遠去，就是不願沾染社會的價值觀。這不是矯情，而是修行。順應社會容易，抵抗社會難；修行的著力點就在抵抗社會。我們的生活中，有些部分是順應社會、有些部分是抵抗社會；依此判斷，就能明白日常生活中的哪些部分是在修行。

無常——有常

有常一旦被建立，其建立當下便開始銷毀，即磨滅有常而呈現無常；人生，就在有常和無常間來來去去。兩邊始終在往來變動

後來，海德格重新反省問題時也提到，人要真正地不在家，才能獲得治療的機會。中國人向來主張安身立命，讓一切在規律中、掌握中進行，即生活在「有常」之中，最後的目標是歸屬於社會圓滿；然而，「有常」的最後，仍要面對死亡這個「無常」。若是不在家，便會隨時在動盪不安的「無常」挑戰中受苦，受苦才能保持不斷的覺醒，才有治療的機會，才是修行。因此，修行就是面對無常，跟是否誦經或觀察脈輪、能量的運行毫無干係。

真正的修行，就是透過不安、偶然、痛苦、不能肯定和預料的事情來打擊和警惕自己；但這是一般社會價值觀所力求避免的。沒人願意如此，卻不是我們所能控制和決定；這才是人生的實相。有些天災人禍就是莫名其妙地發生了，不發生只能說是僥倖、是幸運；但幸運與否，其實並無界線。古人云：「塞翁失馬，焉知非福。」福禍相倚，才是事實。

十多年前台北市的一場火災，至今仍令我印象深刻。有對夫妻開車行經新生南路，他們拉下車窗，愉快地吹著風、聊著天；不料，路旁的麵包店突然爆炸，一片烤麵包用的大鐵盤就這麼天外飛來，大小竟剛好通過車窗飛進車內，咻地橫切過先生的脖子！你可以說這類意外太罕見了；沒錯，發生機率確實微乎其微，但它就是發生了，這確是人間實相。換言之，「偶然」在人生中佔著重要的地位。

為何我們希望有常？厭惡無常？是誰使生命變得有常且快樂？其實就是人類這個腦袋。從這個觀點看來，人類還真不愧是萬物之靈；因為，我們的智力讓我們能夠凝聚許多事物，並使它顯得可長久永續、顯得有常。例如：感情和婚姻關係容易生變，於是人們用財產、子女、倫理道德、婚姻規則等，把夫妻兩人緊緊綁在一起，以穩定婚姻關係。又如一個組織或國家，會建立各項制度使其永續經營。很可惜地，我們並不能找到任何國家或企業能夠永續千秋萬世；即便中國有五千年悠久歷史，其間仍經歷多少改朝換代、明爭暗鬥、淌流多少革命鮮血。

沒有千秋萬世的存在！但我們似乎不願放棄這個執著，因為人類喜歡透過意志，企圖維持穩定狀態，繼承者則會改變前人所努力的穩定狀態，以求自我彰顯；換言之，後繼者用自己的有常推翻前人的有常。我們每個人都苦苦地維持著短暫的有常狀態；但事實上，個人能維持的部分和時間都非常有限。就大方向來說，一切從未停止變動。因此，我們的生命狀態是大無常包著小有常，兩者並存。其實並不矛盾，兩者之間的變化正是要點所在。

有常一旦被建立，其建立的當下便開始銷毀，即磨滅有常而呈現無常；是有某種恆定性，但恆定性會遭破壞，且永遠無法明確地算出其維持時間。另一方面，我們也不會甘於處在無常動盪中，任它刮風下雨而不躲避。人生，就在有常和無常間來來去去，而非站在無常或有常的一邊，因為這兩邊始終在變動。

若能看清自己的真實處境，就能知道你的右手是你活著的生命，左手是你的死亡；兩手並存，你就在中間，是一個轉圜，並不歸屬任何一邊。亦即，在你的生命中，就含有巨大的死亡因素。支持你存在的因素中，很多是屬於不存在的；不存在透過各種方式，支持著你的存在。因此，我們所見到的事物，包括自己的生命，都不是實相，都有部分被遮蔽，因為我們看不到非存在、非現實的東西。

生命的積極性就是要活著；在右邊待久了，自然會消極，就轉到了左邊。我們就在這兩邊轉圜。白天努力生活，是有為、是積極；夜晚休息睡眠，就是無為、是消極；然而在睡夢中，可能因為某個夢境的啟發，讓你又想有所作為，於是又積極有為了。人生本來就是在兩端轉圜，千萬別企圖一分為二，這是不可能的。

存在——非存在

用全部的生命去體驗風、體驗雲、體驗無常；包容偶然、有恆、幸福、不幸福等狀態，讓有常和無常來來去去而置身其中，並不只是站在某一邊而已

雖然明白了死亡是我們生活的一部分；但死亡是非存在的，沒有人經歷過並能告訴我們它是什麼。那麼，我們如何和非存在共處？

非存在不是一般所指稱的靈魂或鬼神。當我們談論神或鬼時，只是語言上的想像，我們從未見過他們，只不過有些人依稀有某些感應。這類可感受到卻見不到的，我們就稱之為「非存在」，如磁場就是典型的非存在。你到某些地方特別感到身心舒暢，但你看不見讓你身心舒暢的來源，甚至用儀器也探測不出來，但就是感應得到，這就是非存在。修行的第二個要素，就是和非存在共處。

原本我們只相信科學，相信眼見為憑；但現在願意和非存在共處，相信個人的存在是由於某些非存在的力量所支持著。儘管如此，我們不明所以，不能用大腦理解，只能直覺地感應，這就是宗教上常說的佛恩或神恩。基督教有一首歌叫「奇異恩典」（Amazing Grace），其中有一段歌詞是：「我曾迷失，如今尋回；我曾盲目，今得看見。」（I once was lost but now am found, was blind, but now I see.）他不說他到底看見了什麼，因為重點不在所看到的對

象，而是「看見」這個動作。當你張大眼睛全神貫注地去看，反而看不到，因為那太刻意了。心理學界在進行精神分析時，曾以「伊底帕斯情結」（Oedipus Complex）來說明。

在希臘神話中，伊底帕斯的父親是一國之君。在他呱呱墜地時，國王前去請問太陽神阿波羅關於孩子的未來；不料，得到的回答是：這孩子將來會弒父娶母。國王當然不能讓此事發生，便下令要大臣先挑斷王子的腳筋，然後交給牧羊人將之棄於荒野，讓野獸奪去王子的命。沒想到，好心的牧羊人見嬰兒可憐，就用藥草治癒了王子的腳傷後，再偷偷送給鄰國的國王當義子。從此，伊底帕斯順利長大，並成為一位翩翩美少年。

有一天，伊底帕斯也跑到阿波羅神殿詢問自己的前途。阿波羅告訴他，他將來會殺了父親並且娶母親為妻。聽到這樣的神諭，伊底帕斯惶恐極了；他認為，父親待他極好，母親也慈愛有加，怎能做出如此大逆不道之事！於是，他決定離開祖國到鄰國去。途中，伊底帕斯遇上一個老人家驅車迎面而來，粗魯地趕他讓路；他氣不過，上前揮了一記猛拳，竟打死了老者。他卻不知，這位老者就是伊底帕斯的生父。

當時忒拜城正遭逢詛咒，伊底帕斯順利解開詛咒之謎，當上國王，並依循慣例迎娶在位的王后為妻；這位王后就是他的親生母親。沒有人知道這件荒誕情事的真相。

只不過，有了新國王之後，國運並未就此昌隆，反而天降大火，不斷焚燒這個國家。對這莫名其妙的天災，伊底帕斯真是又氣憤又挫敗，便再去請示阿波羅神消除天災之道；神諭說，是因為有人做了罪惡的事，才導致天災不斷。伊底帕斯發誓要揪出這個罪犯，將人民從水深火熱中解脱出來。他一路追查下去，最後竟查出自己就是這個天災的罪魁禍首。他當場便以利劍刺進自己的雙眼。

這個故事被精神分析界重新討論，並且涉及生死問題。這個悲劇的開端肇始於神諭。神諭是什麼？神諭意味著「知道」，並且會應驗；所以，伊底帕斯的父王決定殺死親生兒子，以防止神諭應驗。這個看似依邏輯進行的合理行為，卻開啟了後來的不幸遭遇。一切都源自於「知道」；知道後就採取行動避禍，就有了後來的悲慘結局。

伊底帕斯的情形也是一樣；他若不去問阿波羅神，就會留在義父母身邊，也就不會有後來弒父娶母的結局。偏偏他「知道」，所以選擇離開國家，防止神諭應驗。他們父子的合情合理行為，卻正好造成悲劇的發生，即便弒父娶母的錯誤是在全然不知情的狀況下發生。這就是錯認。

很多人相信紫微斗數、生辰八字、風水五行等命運之說而喜歡算命，在困惑之時希望藉算命指點迷津，企圖對生命有相當程度的掌握；或許應該反過來說，就是在這樣的企圖之下，才有命運之說產生。我以為，也許我們某種程度上能掌握命運，但其實並不需要掌控它，就讓命運以模糊的姿態呈現吧！愈是想把命運分析得清楚透徹，我們的人生愈是無救，只會製造出更多絆腳石，這也大凶、那也不宜。

至於求神拜佛到底有沒有效？我認為很難説。我們的態度應該是在求神拜佛的當下放下身段，謙虛以對。能放下身段，就有益於修行；若是下意識地強求神佛的庇佑或加持，這是不存在且無效的。

基督徒真正的祈禱，是真心誠意將自己的生命交給上帝，而不是指揮上帝依你的願望而行；能真正如此祈禱的人，「必然得著」。我們沒有權利去掌控生命；我們卻總是膽大妄為地去認識，而且充滿了認識的障礙，以致認賊作父。

雖然如此，也不必如一般佛教所主張的去掃除妄見，這是不可能的；我們只能不斷以妄見去認識，然後不斷經歷失算、失望、絕望，如此一路經驗到底才有翻身之時。這也是修行，等於是越過了意志與意圖；當你意圖的對象無法被掌握，你才能翻轉，才有新的境界產生。

伊底帕斯所以會刺瞎自己的雙眼，是因為他明眼所見到的都是錯誤，這就是精神分析上所說的「blind seeing」。亦即，當你看到石雕像，你會說這是某種雕像；只有當你瞎了眼睛，用手去觸摸時，你才會說出它的本質——石頭。這表現了兩種存在方式，一是用大腦、認知去得知，另一是用生命直接去感受而得知；修行就是指後者。修行是用你的全部生命去體驗風、體驗雲、體驗無常，包容偶然、有恆、幸福、不幸福狀態，讓左右手間的有常和無常來來去去而置身其中，並不是只站在某一邊而已。

修行蘊藏著非存在和非現實，是透過感應而非認知；換言之，若你遵照著經書所言去行，那是依著認知，就像伊底帕斯依著神諭去進行一樣，這不是修行。修行是日常生活中任何一種順境或逆境發生、讓你歡喜或讓你憂愁，能讓你感應到存在與非存在同時具在的狀態。這有點類似於藝術，我們能感應到藝術品本身呈現之外的領悟。

當你看見孤兒寡母陷於困苦中，會產生惻隱之心，這也是一種修行；你會發現，你就在「存在」和「非存在」這兩個異質空間中，而且它們來來去去。非現實的異質空間，其實類似老莊思想的被動和無為。例如，你突然發現自己罹患了癌症，而且可以預見自己的死期；在這種狀況下，你反而能意識到另一種存在；而這種存在，會緊緊地附在我們的身體裡，比從前更清楚地顯露出來。

比方說，一個人罹患癌症後，首次反省到從前忙於工作而疏於陪伴母親。他回想起母親對他的種種慈愛和付出，並聯想到：一旦他離去，母親將何去何從？事實上，這些事都尚未發生，只是患者的想像而已；但是，就在這個當下，修行已經開始了，患者可能因此忘記自己的事業、忘記自己的病痛。

因此，修行不是一心一意地求生死解脫；修行在日常生活中已非常細微地發生，是一種生命行事的轉變。而生命行事的轉變，是一種「反面」，是社會的反面；有時也是一種放棄，放棄過去追求的價值。

自然——解脫

面對死亡是一種修行，應該保持它的不確定性，對它的日期和想像表示糊塗，而不要對其做任何針對性的預測、想像和分析，這樣才是自然面對生死的姿態就是要修行。我們必須瞭解到，生和死是同時存在的，生是充實，死是充實的支持點。我們的所有，都是從死亡中充實或虛構出來的；因此，我們的所有可能是虛的，但「虛」有其存在價值。靠著虛的失算和失望，我們才能了悟其背後有些真正的存在；雖然看不見，但感應得到。

面對生死的最佳姿態，就是讓現實和非現實並存，感受它並自由出入其間——進入現實，你當然在乎你自己；進入非現實，你就不在乎了。事實上，我們一直在現實與非現實的轉圜之間。活著，就是在這兩邊轉動；亦即，生和死，早就和我們發生關係了。

至於前世今生、輪迴等問題，我做了相當長時間的研究，初步得到的結論是：會想透過前世來瞭解今生，無非想知道我們到底是誰；當我們只談這個看得見的我時，總覺得單薄，就想把那個非存在的、看不見的我加進來設想，於是就加進了一些過多、甚至是捏造的東西，來豐富和滿足我們的想像心理。

雖然我催生了《前世今生》這本書，也為之寫序，但我從不說我贊同它。我認為，這是一種文化生產；既是生產，能生產藝術，為何不能生產三世因果呢？但是，若真要問明是真是假，那就問呆了！

也有人信誓旦旦地說，某人能夠精準地預測死亡，一定要有高深的修行才具備此能力。我卻認為，人生最不該做的事，就是預測死亡。死亡是一種無常，是不能預測的；若能預測死亡就是修行，那我只能說，大部分的醫生都能預測死亡，他們是否便有高深的修為？

醫生預測死亡，目的是要提醒家屬預作準備；但是，我寧可勸人不要做這種預測。因為，面對死亡是一種修行，應該要保持它的不確定性。若是貪戀世間的美好，非常不想死，就會覺得死亡比預期來得早，因而產生痛苦；反之，若是不想活了，死亡反而比想像中來得遲，就會因此不耐煩。我們應該對死亡的日期糊塗，對死亡的想像表現糊塗；應該糊里糊塗地去死，而不要對它做任何針對性的預測、想像和分析，這樣才是自然。如老子所言：「人法地，地法天，天法道，道法自然。」

這些年很流行談「生死學」，這是一門探索「生」與「死」的學問。其實，上不上「生死學」課程，對於面對生死並沒有那麼重要。只要你有機會陪伴臨終者，互動中所發生的事，自然會教導你生死的學問；尤其，若有機會陪伴年輕的臨終者——如癌末病人，你將意外地發現，這樣年輕的生命在面對死亡的無常時，竟是那般地堅定。

不要相信教育，生死學應該是反教育的；因為，教育是一種約束，但生死學是一種解脫，應該讓一切自然地發生，而非在課堂上講述。

（本文收錄於慈濟傳播文化基金會編輯出版之《真巧！我們都是人》）

《如果只有一年：若只剩一年可活，你要做些什麼？》

A Year to Live: How to Live This Year as if It Were Your Last

作者：史蒂芬．拉維（Stephen Levine）

譯者：宋偉航

出版社：立緒文化（一九九九）

知死猶生：學習瀕臨經驗，吸進千江月

本來人類是以必死的事實來生活，但是卻不肯以必死的心情來過活。為什麼人們把已知的事實當作生活的履踐卻如此困難？因為人們對必死的事實都心存僥倖。修行者把「心存死亡的心情過活」的念頭叫做「覺念」。覺念的生活與普通的生活最大的差異是：絕對不存明天還活著的僥倖，這樣一來，反而能夠「切近當下」，活得更真切。

幾年來，我與學生在臨終關懷的探索，著眼於「瀕臨經驗」的推廣。「瀕臨經驗」是個「知死猶生」的經驗，也就是完全受恩於死亡的眷顧，所生出的新生活。

對許多人來說，這也許是很新奇的經驗，但又好像覺得很不可思議，人如何能如此決意的投到死亡慈母的懷抱？事實上，在臨終病房並不乏這樣的人，視死如投向母娘的懷抱，一心一意的轉向死亡的福地，臉上掛著輕安的微笑。真正害怕死亡的人往往是身體很健康的人，沉迷在「不朽」的錯覺裡頭。

當然「瀕臨經驗」是希望人們可以體會生死之間並沒有界線，而產生一種完全迴異於年輕生命的生命態度，而不是棄生就死，但是一般缺乏「瀕臨」訓練的人，由於對「瀕臨經驗」一無所知，而以為視死如生就是槁木死灰，了無生機。其實剛好相反，具有瀕臨經驗的人，反而活得生機盎然，活活潑潑的過著年老的生活。

整個「瀕臨經驗」的焦點在於如何打破生與死之間的界線。每個人對生與死之間的界線都有不同程度的察覺，有人渾然不覺，有人卻念念在茲，依照個人機緣而定。當一個癌症病人被推進臨終病房，也有非常不一樣的態度，有人雖已藥石罔效，卻不願進入這個不再做積極醫療的地方，被家屬連哄帶騙送進來，有人則早在聞知癌末，即決定放棄積極治療，努力面對死亡。不一樣的態度，都涉及個人對生死界線的不同認識（嚴格來說，不是腦袋的認識，而是一種全部的投入態度），有人全心投入「生」的這邊，完全不去碰觸死亡，有人則全心全意修道，希望能夠泯滅死亡與生存之間的界線，所以對癌末的判決不但不恐慌，反而感激涕零或鬆一口氣，認為有助於自己更精進的生活。

當然，我一開始就偏向後者，認為能夠消弭生死界線可能是一個人後半生最健康的心理狀態，所謂「知所進退」，才能讓人在生命的黃昏依舊有著燦爛的餘暉。如果一個人不因為意外，能夠活到某種年齡，就會開始感覺到左支右絀，漸漸在事情裡頭使不上力，這個時候，人必須自覺另一個生命的開始，也就是本心將前往另一個精神體。

在我看來，就是本書所謂的「大死一番，卻活始得」，徹底的把從前生命的習氣逐漸改正，朝向一種舒緩放鬆、了無罣礙的路上走去。

我相信許多人在進入中老年都有這樣的急迫感，可是很少有入門的書提供這樣的訓練，心底雖然想著，卻沒有著力之處，不知如何下手。就這樣的猶豫與拖拖拉拉，在不知不覺中老病到來，才發現這條路子居然沒有起步。很多人的困難是根本上不了這條路，總是要等到被病魔宣判之後才惶惑不安、一直都無法瞭解這條路怎麼走，甚至連有這條路都不知道。這種茫然導致許多人一想到死亡就害怕，甚至憂懼卻不敢說，甚至有人寧願完全不想，希望兩腿一蹬就過去了。可能很少人知道上蒼賜給我們第二次的生命，讓我們在這條路上過著最後人生的滿全。

很感謝作者拉維（Stephen Levine）為我們介紹入門的路子。首先他把這樣的精神轉向重生的景象告訴我們：精神的重生是對過往習氣的完全棄絕，使得我們逐漸獲得一種身體衰老卻活活潑潑的生命感，「讓生命豁然開朗，無限曠達」，主要的原因乃在於我們的真心百分之百實踐本心，每做一樣事情，已經不再牽掛個人利益，而是將真心用在每個時刻、每件事情。例如，專心與人說話，而不必顧慮與他說話有何利益，寧願去做一件心裡最想做的事，而不必顧及自己的身分地位。

下這種第二生命的決意並不容易，所以拉維設想了一個工作：如果我們只能活一年，那麼這一年我們該當如何？我們是否可以在這一年裡學會有關新生性命的種種經驗？

首先，我們需要給自己「療心偈」，當作入門。我的「療心偈」是：「當我還活著的時候，我……」例如我坐在院子享受銀瀉的月光，我很清楚這樣的時光很快的過去，我心唸著：「當我還活著的時候，我在月光下賞花」；當我做事的時候，心唸：「當我還活著的時候，我做此事」。這個療心偈可以幫助我們提撕覺醒生命並不是那麼理所當然，同時，它也可以是記憶與回思。

其次，我們必須改變對病痛的觀想，讓靈覺深入病痛，體會我們與病痛同時存在，我的痛不再是由「小我」來承擔，而是將自己觀想到宇宙生生滅滅的生靈，我是其中的一部分，我的苦痛與死亡是我們早就存在的事實，與其奮力對抗而使心力交瘁，不如慈悲喜捨，善納痛苦。

觀想我們最珍貴的生命是眼前的時光，這段時光的珍貴在於我們能夠活在深度安詳的寂滅，雖然時光不再，但絕非是一場夢，而是實實在在的活著，一分一秒都是出自本心，而不是永恆的成就，因此，時間的過去不是以事情的成敗來衡量，而是以當下最真心的感覺所錦織的綿綿密密。

本來人類是以必死的事實來生活，但是卻不肯以必死的心情來過活。當然，這番心情是可以理解的，可是為什麼人們把已知的事實當作生活的履踐卻如此困難？因為人們對必死的事實都心存僥倖。對最不可能僥倖的事實賦予僥倖的心情，應該說是愚昧，而倒是把「心存死亡的心情過活」的普通想法視為一種難以實現的事情，所以一般修行者就把這「心存死亡的心情過活」的念頭叫做「覺念」。覺念的生活與普通的生活最大的差異是：絕對不存明天還活著的僥倖，這樣一來，反而能夠「切近當下」，活得更真切。這樣的活著其實蠻快樂幸福，拉維在這方面提供了「當下專注」的訓練，對初上路的人會有所幫助。

有時候，這種真切感可以藉著「來生」來加強，就如同我們可以藉著極樂世界獲得安慰，但是現代一般人對神佛的世界不感興趣。當然，我們絕不能勉強人們接近宗教，可是就我們的觀察，人們儘管不信宗教，卻不能不相信宗教感：虔敬、真誠、慈悲與愛。這些都是本心裡頭的神性，在普通的生活較少發生，但卻是重新生命非常重要的性格。如果我們把普通世界的美德，如謙恭、良善、信靠等相比，重新的生命就是以虔誠、真誠、慈悲與愛等宗教感當作基本性格，把「當下」當作生活的呼吸，這時候，我們已經可以療癒自身，就像鈴木大拙所說的，任何內心的怨毒，都可以用清明的慈悲照見，成就心蓮。

（本文是為立緒文化出版的《如果只有一年》所寫的推薦序）

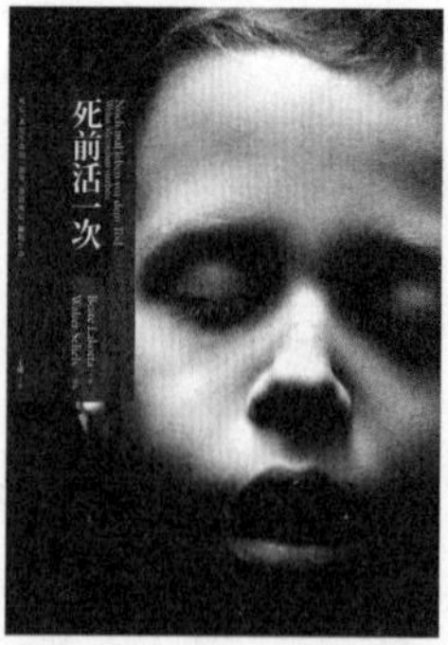

《死前活一次》

Noch mal leben vor dem Tod: Wenn Menschen sterben

作者：Beate Lakotta & Walter Schels

譯者：王威

出版社：大塊文化（二〇〇八）

死亡之臉

朝向死亡也許會經歷空虛、無助與害怕。但繼續發展下去也許碰見真理（接觸到死亡的毛骨悚然），所有朝死的恐懼很可能都是催化劑，對原本不能接受的東西進行催生轉化。

幽靈般的陰影

這本書的作者是兩位德國人，他們在幾家臨終關懷醫院拍攝病友日常生活的面容，參與病友的生活，一直到他們過世後，拍攝他們的遺容。他們把病友生前的照片跟死後的遺像放在一起，成了一個面容的序列。

這樣的觀看觸動了我們心中不容易突破的防火牆，而那突破的點往往是不經意的一個鏡頭、一句話或一件情事。例如，病人過世後留下一個錢包，但是若沒有主人，味道就變了，即便裡面有許多鈔票，旁邊的人也不會如平時買賣活動的掏錢、收錢那麼理所當然，而那錢已經變成令人猶豫或不要動的「腳尾錢」。照理性來說，錢不就是流通使用的，應該不會有死人錢、活人錢的分別，而我們的猶豫或禁忌來自於彷彿那錢出現了一個無法明說的「殘破陰影」，如幽靈般的鬼影幢幢，逾越理智而帶動了一種情感，可以說有某種恐懼，但又不全然是。

「殘破陰影」無法用理智來表達，如果理智是整數，那麼「殘破陰影」就是不能整除的餘數。就意識來講，它是無法納入理性的一種過量、過重，讓理智不勝負荷與承載，且理性無法處理。這個比理性多出來的部分（「殘破陰影」）是強烈的情感，無法分辨那到底是憂鬱、恐懼、厭惡還是害怕。於是我們要問，這樣的過量情況從何而來？那不過是一個錢包，為何多出過重的東西？從哪裡來？最可能的答案是「人的死亡」帶來的陰影——亡者有很多的部分無法被我們的理性承載，或者說，不僅是亡者，死亡本身很可能是全部理性的過重，理性試圖去碰觸死亡，但突然發現自己闖進意識的極限，亦即帶著懼怖走進「不可說」、「不可想」的邊緣地帶。當意識進入這個邊緣地帶，會想到那不可想的，使得意識茫然，無法思考，此時的意識開始去碰觸黑暗混沌的一片無垠無際，意識慌了，於是意識遂將此邊界感的黑洞稱為「無意識」。然而很弔詭的是，我們誤以為冥冥存在一種無意識狀態與意識接壤，但其實不然；真正的情況是，意識之所以感到茫然不可理解，乃是意識發現自己的限制，是意識在邊界的混沌讓意識感覺到「無意識」的存在。

活人意識的無知

死亡就是返回心智的零度，無異是返回黑洞。人在出生之前，心智宛若一片黑暗森林，當人出生之後，其意識的發展猶如在黑暗森林開闢一塊地，耕耘出他理解的世界；而意識土地的邊界之外仍然是大片的黑暗森林，人碰上了邊界就感到暈眩，茫然無知，於是這種感覺就會被當作「無意識」。傳統心理學讓人產生誤解，以為無意識是意識的基礎，撐住意識；榮格（C.G. Jung）的說法或許比較準確一些：無意識是我們不知道的浩瀚宇宙；但他沒有把握住「無意識」是一個越雷池一步即無法思維的意識邊界所造成的狀態。安寧病房的病人就在這意識與無意識的介面徘徊，有時昏睡，有時清醒，反反覆覆，但是一般尚活之人很難體會這種輾轉反側，而用活人意識的眼光去考量，以致做出一些善意卻與病人失去締結的舉動。

為什麼人要對著「不可能再活下去」的病人處境行使活人的邏輯？我們不能在此貼上「世人癡迷」的標籤來概括一切，但「世人癡迷」這論調裡頭卻隱藏著很重要的意義——懷著明智意識的人經常希望能獲得真理，所以在基督教要追求真理，跟隨上帝的腳步；在佛教裡，真理就是聖諦。但是是誰在決定真理？依舊是意識在決定真理。如果真理在萬事萬物之處，真理也只能在無意識裡，那麼真理對意識來說，就是無法被認識甚或將之當作謬論。事實上，我們意識完整底下認識的「真理」並非終極真理，當意識不管用的時候，這「真理」就煙消雲散。這就是真正的「陰陽兩隔」，活人的「人造真理」與臨終者的終極真理的差別。

真理令人毛骨悚然

讓我們回到書中的一段記事：在一位妻子知道自己得了不治之症後，有幾次曾經想和丈夫談談自己的死。那時候丈夫反問妻子：「妳怎麼知道妳要死了？我也一樣可能比妳先死。」他這麼說，是為了驅除妻子對死亡的恐懼。後來妻子走了，沒有聽到丈夫最後的愛的告白。想到要失去妻子，他希望可以跟她道別，為這輩子的相處，他告訴她「我愛妳」的直面。他不願意說出真相，所以盡一切力量去保護這基於顧念的理性想法，否認這種顧念是很殘忍的事情，但是不否認這顧念，坦言內心的感覺與感謝就變得不可能。當作者告訴做丈夫的：「你想做就去做吧！」丈夫回答：「如果我現在跟她說我愛她，她會以為我要放棄她。」又是另一個顧念。在理性意識裡，每個人都應該「不要放棄顧念」，然而真理必然要否定這意識所認為的正確，才能獲得直接告訴的勇氣。我們一直活在被理性保護的狀態裡，因而無法察覺自己正遠離真實。

朝向死亡也許會經歷空虛、無助與害怕。但繼續發展下去也許碰見真理（接觸到死亡的毛骨悚然），所有朝死的恐懼很可能都是催化劑，對原本不能接受的東西進行催生轉化。美國安寧照顧醫師庫伯勒．羅絲（Elisabeth Kubler-Ross）談面對死亡的五個階段：否認、憤怒、妥協、沮喪與接受。我認為將之當成「階段」可能會有所偏差，應該要將之看成是一個個的進程，每一個步驟都有解開其某種枷鎖的前面步驟；沒有前面的憤怒，就沒有後面的妥協，妥協不成才會憂鬱，而憂鬱慢慢軟化為接受。一直到臨終，呼吸的空間越來越小，這是環環相扣的過程，有些人走得很快，有些人要走得很久，有人沒有走完全程就去世，有人走完全程就似乎寧靜地走了。

當病人在病房裡說「我不會死」的時候，我們不必感到意外；面對病人焦慮時，我們也無須否定，這些話語跟情緒都可能是開門的鑰匙。焦慮本身也許是一種催化劑，我們不能因臨終者「不放下」而說世人癡迷，我們應該要有所判斷，這樣的反應是不是一個可能性的反轉契機。

從拒絕死亡到接受死亡的精神轉折，並非只要跟隨名師的指點迷津來走即可。真正的轉折在於意識的背立轉向，使得死亡的毛骨悚然隨著意識作用而消去。這樣的過程與日常心靈修鍊並無絕對的關係，也跟聽從經文、以神為念是兩回事。真正的過程是依著生命的崩毀程度，一個關卡一個關卡的開開關關來運作，這裡頭有非常真實的心靈煉金術在作用，每一步都是自己在發展，而發展的過程中，即使浸淫在幻覺之中也可能是開門的觸媒。

透過上述的說明，希望能讓讀者在觀看本書照片的震撼之際，有一些明白，也希望讀者在閱讀這二十三個病人的死亡前夕的描述，不會只有想逃避的恐懼，而是引導我們進入更深刻的存在。我們無須口號似地說「把握當下」或「追求意義」，而是靜坐冥想，坐看雲起。

（本文是為大塊文化出版之《死前活一次》所寫的推薦序）

《西藏生死書》
The Tibetan Book of Living and Dying
作者：索甲仁波切（Sogyal Rinpoche）
譯者：鄭振煌
出版社：張老師文化（一九九八）

《西藏生死書》的冥思

終究我們還是會回到「瀕臨」的現場。感通生死才是人活著最終的心靈痊癒。因此活著本身即是瀕臨。

在活著的時候接受死亡，與其説只是「想想罷了」，不如説是「修煉」的功夫。平時在平安無事的日子裡，我們根本不可能想到死亡即將來臨，而總是在「成住壞空」的因循時刻裡，毫無準備地等著死神降臨。

因為接受死亡太難，所以《西藏生死書》就成了提醒的暮鼓晨鐘，每天床前讀幾頁，可以作為「成住壞空」的警覺。可是，在警覺中，我們慢慢有了改變，首先我們很奇妙地看到自己做的事情，在隱隱約約之間有種脱離，在任何事情忙完之後，秋雲、夕陽、街頭的霓虹燈靜靜地在眼前流洩，即使在白天也有一種夜晚的心情。

這依然不能説是改變。心慢慢進入海底的深處，聲音遠邈，影像飄忽，與心靈碰觸。我們等待著某種眼光的轉移。那好像是心靈開始行腳，從熟悉的生活出門，走向陌生地。許悔之的詩集《我佛莫叫我流眼淚》的那隻跳蚤，就是那行腳的人。中年之後，人要開始有行腳的感覺，而不是緊緊守住已經擁有的事物。這並不是指事業或成就，而是精神意識。

中年行腳意味著離開，到遠方去。我們要開始在精神上出門，去看那些以為是理所當然的事物：生老病死。「生」是喜悅，也是受苦的起點；老即將至，無名恐懼念念如是；病的纏身，卻是修煉；死亡則是一片茫然的處所。

但是，為何佛陀在初見生老病死時那麼驚慌？莫非有一種鮮活的眼光，看到世間的事物？何以我們不曾驚慌，難道對生老病死缺乏智慧？罷了，這樣想只不過另一種智障。

不是那種邏輯思維的「生老病死」，而是當我説「我怎麼辦？」時，那種突然發現自己在宇宙的浮浮沉沉，在夜夢裡的幽微藍光，與欲言又止的說不出話語。

這不是境界，而是陌生處的行腳。我們疑惑，自己在世間又是怎的一回事？又如何排遣？日子總是一閃即逝，沒有所謂「把握光陰」的神話，過去就過去了，所謂珍惜也不過是對當下的把握，但是若想留住時間，恐怕只能找醫療保健做延命，但依舊無補於生死的問題。既然人一出生就回不去了，所謂「離開」往往被誤解為「死去」，而忽略了眼前的浮浮沉沉。

在活著時候有了離開的心情，才有所謂生死門的跨越。離開的心情依舊是活著的心情，並不是死去，但是過去被視為壁壘分明的生死界限卻被打破，生死之間的模糊，讓我們有了「瀕臨」的心情。

「瀕臨是一種與死亡相近的氛圍。活著的人即使坐在即將去世者的身旁，我依舊不在『死亡』之中；即使我不再慌亂地坐在病床旁邊，我依舊只是看著『鄰人的死亡』，而不是我。換句話說，我只是接近在一個即將死亡的鄰人身旁，我所有有關死亡的領悟，都只是一種接近，而不是死亡自身。我們通常把這樣的接近，稱之為『瀕臨』。『活著』就是死亡的『瀕臨』。」（參見拙作《生死無盡》）

終究我們還是會回到「瀕臨」的現場。感通生死才是人活著最終的心靈痊癒。因此活著本身即是瀕臨。至此，我們從《西藏生死書》轉出，而皈依了瀕臨。

（本文是為張老師文化出版之《西藏生死書》所寫的中文版序言）

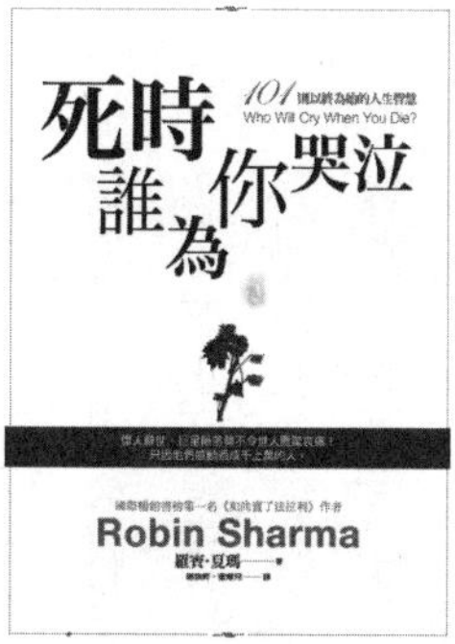

《死時誰為你哭泣：101則以終為始的人生智慧》
Who Will Cry When You Die?: Life Lessons from the Monk Who Sold His Ferrari
作者：羅賓・夏瑪（Robin Sharma）
譯者：鄭煥昇、蜜蠍兒
出版社：李茲文化（二〇一〇）

以終為始的人生智慧

朝向死亡前的生活經營，並非要去趕著做「未完成的心願」，而是踏踏實實的生活。

這類書不應該只有一本書出版，可是偏偏就這麼一本書這麼專心地談。步向死亡，就好像我們到SOGO買東西時搭電扶梯，一排排站立的人一層一層地往下層走，我們的腳沒動，而時間就如滑動的墊板，自動地把我們一層層地往下送。我們的死亡不就是這樣的一批批走？可是我們甚少知覺。覺悟自己終有一天要死亡並不困難，但對逐漸步向死亡的生活當為如何，卻很少人想過。我們大腦的知性有種惰性，總是以為我們不會那麼快死掉。這個惰性使得我們很少願意去經營「死亡前的生活經營」。

這本書提出一百種死亡前的生活態度。其實，我們也可以想出更多的人生最後階段的生活藝術，只要我們願意承認死亡已經是我「個人」需要面對的課題。朝向死亡前的生活經營，並非要去趕著做「未完成的心願」，而是踏踏實實的生活。例如，「對陌生人好一點」（本書第2條），讓我們有餘緒地看著我們不認識的人，對他好，不就像張愛玲一篇短文談到，一對男女彼此經常看到對方，但從未打招呼，時間流逝，忽然又看到彼此，忍不住啊地說「妳也在這裡？」人生在世，看到陌生人就是個大緣分，千百億的人，何幸我們能在一處看見彼此。從此，也許就是各人流入宇宙的再循環洪流裡。在死亡之前，生出這種心情，有著奇妙的宇宙感。

我們人生最後階段的生活大致分成兩大部分，第一部分是我們與世界的關係，另一部分是我們的內在生活。通常我們會開始放鬆對世界的掌握，對關係的要求不再嚴苛，反而透露出那麼一點「寬容」，你不想再追究恩怨，也不太想記仇，使自己輕鬆地解開自己與世界的鎖鍊。另一部分是反歸自己的內心世界，這部分會逐漸擴大，如果可能，在臨終時能全然處在內心狀態，可能是最好的臨終方式。內在生活有「坐看雲起」的怔忡，有獨坐靜默的「無為」，有給自己遐想的空間，以及深刻地感受存有的經驗，當下的充實。這些內在性，世界是不會給的，甚至自己的哀傷也必須自己度過。

記得《奇蹟》（*My Stroke of Insight: A Brain Scientist's Personal Journey*）的作者吉兒・泰勒（Jill Bolte Taylor）說，人非常需要他人的護持。我相信死前的生活最大的幸福就是「與人和樂」，與世界重新和好，那麼我們的內在性也會獲得資糧，含笑而終。所以，這兩大部分都無法偏廢，而唯一能同時涵攝兩者的，大概就是「宗教感」。這與信仰什麼宗教沒什麼關係，而是對世界發出祥和、安寧、慈悲、靜心與簡約等自覺性的態度。這本書從非常基礎的地方下手，簡單易行。這是我喜歡這本書的原因。

但是我還是要提醒讀者，你可以有自己的方法，無須拘泥於本書的百種方法。

（本文是為李茲文化出版之《死時誰為你哭泣》所寫的推薦序）

《慈濟月刊》五二八期
「百川歸海」專欄

人生最後階段的覺性選擇

人無法確知何時死亡，卻可以選擇在死前過怎樣的生活；
與世界重新和好、增益內在性
以安靜、慈悲、淨心，展現具體「回歸」行動。

最近坊間出了一本很有意思的書，談人在死亡來臨前要過怎樣的生活。這個談法與老年生活的意義非常不一樣——人當然無法確知何時死亡，但卻可以選擇在死前要過怎樣的生活。今年五月過世的廖歷慎，就做了這麼一個覺性的選擇。

十八年前我辭掉西岸的教職，與妻子來到人生地不熟的花蓮。有一天，看到志學街上開了一間雅致的咖啡館，主人就是廖歷慎。她的文筆甚好，寫的小說意境深遠，我們很快成了老朋友。

幾年前她發現自己罹患癌症，除了謹遵醫囑做治療，也很「明確地」走上人生最後階段的生活。

她明確地跟孩子說：媽媽會過世，如果媽媽過世，你們當如何……有時聽在外人耳裡、心裡都會痛；但由於媽媽的明確態度，孩子反而不驚慌。

歷慎也很明確地將自己奉獻給病友。她在門診為癌症病友打氣，非常有膚慰效果，我想可能與她的才華有關；許多病友在心理上一直過不去，她則以「同船渡」的身分，為病友解憂。

癌末病人有時會幻視——歷慎描述的幻視底下，呈現一幅幅光明神佛的氛圍。她並不明確地選擇成為哪一種宗教的信仰者，但她卻產生了非常虔敬的宗教感；她並不巴望神佛或天帝救她，而是讓自己依偎著神佛。這種依山傍水的篤定感，令我們想起《野鴿子的黃昏》（王尚義著，水牛出版）中流露的啟示——熬過寒夜，黎明不遠。

許多宗教都假設死亡是一種存有的回歸，可是如何在人生最後階段發展自己回歸的具體行動，卻沒有定論。但基本上，有兩大方面可以同時進行：其一是「與世界重新和好」，減少恩怨、緩解情仇；另一方面是「增益內在性」，多花些時間與自己相處，沉默看雲、靜坐冥想，給自己一種反歸的力量。

這兩條路都不容易，病友的情緒常常撐不起這兩個方面。

廖歷慎認真地膚慰病友，可以在撐不住的時候給出力量，其關鍵性的作用可想而知。尤其我從歷慎的言談中，深知她有著渾厚的內在性，心裡感到震驚——原來，我們耳熟能詳的安靜、慈悲、淨心，全都從內在性出發；我深信所謂的宗教的核心，就是這個神佛環繞的深泉！

（本文原載於《慈濟月刊》528期「百川歸海」專欄）

《終點前的分分秒秒：正視與省思臨終關顧中的反轉移歷程》

When Professionals Weep: Emotional and Countertransference Responses in End-of-life Care

作者：芮妮．卡茲、泰瑞莎．強森（Renee S. Katz & Therese A. Johnson）

譯者：馮欣儀、李淑珺

出版社：張老師文化（二〇〇九）

「少裝了！」——談專業痴迷

人的活著其實是依靠許多「暫時」的能力條件建立起來的，而這些「暫時」的能力在朝向死亡之際，一個個消失掉，其中最大宗的是自我的降落。照顧者與病人最大的差異就在這裡。

在安寧病房最容易有的感觸就是「少裝了」。在凡俗的世界被認為是體面的東西，總是在臨終情境中顯得破綻百出，例如顯赫的臨終者可能有許多想到床邊致敬的賓客，他們只能在病房外的簽名簿寫上自己的名字，讓病房外的花籃堆積如山，看起來倒像個殯儀館。對在病房裡悲哀的陪伴親人以及苦苦掙扎的病人，外邊的世界彷彿是個假裝的世界，雖是假裝，在外邊的人卻十分熱衷這種場面的遊戲，因為裡頭有著他們存在的理由。

照護陪伴專業也無例外。陪伴宗教師假裝他們可以傳達神佛的旨意給臨終者，心理諮商師假裝他們可以催化病人的「最後成長」。其實，這些「假裝」來自於社會的角色所帶來的專業痴迷。本書可說是揭穿這種專業痴迷的研究論文彙編，甚至取用「反轉移」來當揭露的工具。原來在佛洛伊德（Freud）那裡，情感轉移是心理治療不可或缺的要素，但反轉移卻被視為專業人員的不該，例如治療師知道病人的怨怒可能來自父親，但在治療之時，病人將此怨怒轉移到治療師，這原本是治療過程應有的現象，但治療師自己卻也有了情緒反應，難以自拔。治療師出現反轉移現象，咸信有礙治療，必須將個案轉介其他治療師，或治療師自己應接受治療。

臨終照顧專業人員會因為自己過不去而產生情感反轉移，這反轉移非但不是什麼壞事，反倒提醒我們這些「尚活之人」許多痴迷之處。雖說安寧照顧是對病人的照顧，但是這種照顧不同於一般，照顧過程會在自己的內心深處出現陰暗面，或者所謂的「暗鉤」，指向自己的雲深不知處。如果臨終專業照顧者沒有這種察覺，就必須考慮到自己是不是被專業知識蒙蔽了眼睛。生病畢竟是情感的經驗，死亡則是一個尚未抵達的黑洞，人類毋須妄自尊大，企圖以專業知識來縫補這個黑洞。

要能表現專業人員這樣的謙卑，最起碼的態度是質疑自己，就如臨床的宗教師要質疑神佛的話語真的能撫慰病人嗎？神職的角色真能讓病人快樂嗎？醫護人員能為安樂死做決定嗎？宗教照顧就是靈性照顧嗎？許多看起來好似理所當然的「道理」到頭來都可能出問題。在這些「道理」的背後有個自慢的心態，理所當然把活在世間的邏輯搬到臨終病房。我曾經檢查許多所謂靈性照顧的講演資料，發現許多專家自以為是的「硬拗」，或者斷章取義地將一些輔導諮商理念鋪陳為「靈性照顧」。很清楚的，多數所謂「靈性照顧」的專家意見與一個在臥榻旁照顧的阿嬤不會多出多少。

在安寧病房要學習「自降」（self-surrendering）。如果你專心陪伴病人，就可以非常清楚地體會到身體宛如惡水的洶湧，今天的味覺還可以支撐一個人喝下一碗稀飯，隔天就失去這味覺；早上還可以說幾句話的元氣，中午可能就完全失去了；甚至早上起床的力氣在刷完牙之後就消失殆盡。照顧者毋須哀嘆或憐憫，而是體察人的活著其實是依靠許多「暫時」的能力條件建立起來的，而這些「暫時」的能力在朝向死亡之際，一個個消失掉，其中最大宗的是自我的降落。照顧者與病人最大的差異就在這裡，照顧者面對無助的病人往往會陡升助人意識，以為自己能夠為病人做什麼。助人意識其實是個虛假意識，它會捏造理由讓自己相信自己對病人是「有所助益」的，並且「為了幫助」不斷構成對病人的騷擾。

「自降」就是把自身的寄望（regarding）降落，不是逞強而是「示弱」。這點與老子的觀點不謀而合。照老子的說法，「示弱」是以柔性的力量來照顧病人，而不是「倚強助弱」。柔弱的力量來自明白自身的脆弱，自己一樣害怕死亡，一樣忍不住要哭泣。許多不懂癌症末期的訪客每每對著病人說鼓勵的話：「跟它拚了」、「不要低頭」，這種自慢的話語對病人往往是刺傷，但礙於人情只好表面微笑以對。

真正的柔弱力量是深度陪伴。我看過醫師在病人前面坦承「醫療無能」，跟著病人一起掉眼淚。病人非但不會指責醫師失職，還很感謝醫師的深刻陪伴。就如懂得靈性照顧的專業人員絕不會傳教，也不會以為臨終只有一個法門。但所有的靈性照顧者必然是自降者。一個神父可以承認是病人教他得見了主，一個醫護可以承認他的焦慮與無能，一個志工可以承認自己對病人有好惡感。在安寧病房，真實人性凌越角色，任何角色在此都顯得虛假。

事實上，我們經常看到安寧照顧的工作人員陰陽兩面。例如，當一位有靈性體質的護士在一位病人去世的清晨，無法抑止地哭泣之際，她的督導者會板起臉來要護士「自制」，否則就是不合格的醫護。醫院從來未曾訓練這些護士如何面對生死，只是用職責的訓令來壓制內心的感覺。有時你看見醫護離開病床的速度太快，你多少會懷疑他們已經自己學會如何無動於衷吧。

甚至，許多專業人員把知識與情感經驗的重要性顛倒。許多安寧照顧的知識是從其他科別學來的，最常見的是憂鬱症。不經意的醫護人員一見到病人有憂鬱傾向就轉請精神科開藥，而無視於病人的一大堆糾結的道德、倫理、人際乃至心理動力的壓力。畢竟生病、面臨死亡，到頭來都不是知識的問題而是生命苦痛的情感經驗，任何知識對安寧照顧的現場都不是最重要的。專業人員如果徒有知識而無情感的投入，根本就是本末倒置。尤其多數的臨終病人在生病前都會有一些人倫的糾葛，這些糾葛無法以理性來解決，只能讓病人覺得有人陪著他們，其實也就夠了。

在我心中，最理想的安寧照顧毋須有醫院制服的規定，充滿體諒、仁慈與沉默的耐心，人們沒有角色的區別，只有人的真實本性的流露。

（本文是為張老師文化出版之《終點前的分分秒秒》所寫的推薦序）

《我願意陪伴你：點亮生命的九堂課》

Lessons for the Living: Stories of Forgiveness, Gratitude, and Courage at the End of Life

作者：史丹・高柏格（Stan Goldberg）

譯者：張美惠

出版社：張老師文化（二〇一一）

伴行黃泉路

癌症、安寧病友常常出現相陪的現象。如果你不在他們相陪的現場，你一定無法體會「存有相陪」是什麼意思：無言相對、雙手輕握對方、無意間擠出來的笑以及偶發的一言半語。所有的現場氛圍都將人帶往存有的底限。

讀完這本書的初稿，我完全同意作者史丹（Stan Goldberg）對陪伴臨終病人的任何想法。十五年前，我跟著我的研究生進入安寧病房做志工，一路走來的經驗與本書完全契合。這十餘年來，我從臨終陪伴所獲得的智慧遠多於我二十餘年的教育養成知識，也深深影響我後半生的一切思維，包括學術觀點、知識鑑識與生命態度。

幾年來我一直反省這一切的改變，尋思為何前半生的迷茫與痴相，感恩安寧照顧給我的改變。這個摸索始於與臨終者的接觸。所有的接觸並無特出的事件，就如本書所記錄的，表面看來好似流水帳，好像沒有轟轟烈烈的情事可供分析。甚至，如果刻意去捕捉病床邊發生的意義，也會發生錯認。許多稱「安寧照顧」的教育訓練，少不了敦請學術界相關領域的學者來上課，其實也是一種錯認。學識即便如何淵博精深，若沒有長期地陪伴過病人，絕對沒有資格擔任培訓的老師，原因在於：這是一塊不容許非經驗的知識介入的領域，因為這是一塊將生命沉潛到存有底線的絕對境地，與一般以象徵、符號、意義或世界為對象的知識，完全處於不同的位階，多數我們在生活所見知識率底由可言說的符碼構成，可以相對視之，但人之將亡，猶似重返自然生態，生死皆是萬物流轉的自然，任何人工的救濟都是枉然。

確切地說，臨終者示現本身即是自我遮蔽崩解之始。臨終者在生前的一言一行都可賦予尚活者將自我的蒙蔽揭開，但是並非毫無條件。如果僅僅與臨終者接觸而缺乏自身條件的搭配，就會如安寧病房的醫護人員及看護，不為所動。以本書作者為例，他本人罹癌、年近退休，許多問題都出現明顯的岔路：繼續維持教授這頭銜撐下去，還是走到生命的另一風景？

要繼續迷念世界的花花草草，還是走向個人獨異的旅途？獨自治病，還是病病相陪（病人陪伴病人）？一般病患很少會去陪其他病人，但是癌症、安寧病友卻常常出現相陪的現象。如果你不在他們相陪的現場，你一定無法體會「存有相陪」是什麼意思：無言相對、雙手輕握對方、無意間擠出來的笑以及偶發的一言半語。所有的現場氛圍都將人帶往宮本武藏與佐佐木小次郎的決戰黃昏，一股將人帶往存有底線的力量。

「存有相陪」是個比較難懂的概念，但本書卻將之娓娓鋪陳，只露一點痕跡。這點痕跡就放在書的章節標題。例如第一章「寬恕」，但整章並沒有動人的寬恕故事，反而是一些作者與其他志工陪著病人過世的經過。即使如何對不起妻兒，也不意味著一定要來個病榻大和解。可是在體驗的解讀裡，寬恕卻絲絲入扣。如果我們在病榻前陪病人過久，都會發現那些用語言堆起來的概念其實是人類的意識所造作的，真正的現象是：所有的生命現象都不是固定的、語言的描述，寬恕卻絲絲入扣。如果我們在病榻前陪病人過久，都會發現那些用語言堆起來的概念多麼錯誤，真正的現象是如此開顯：所有的生命現象都不是固定的，語言的描述往往是不真實的。當病人渴望見其女兒一面，彷佛只有當面的懺悔才表現寬恕。然而，世事難料，這對臨終處境特別如此，志工們在知道病人的女兒早就過世之後，並不急著把話帶到，還是如一般日子說話、陪伴，表面上志工沒促成「寬恕」事件的發生，其實懂得的人反而會知道志工的深意：渴望見女兒的心願會變成病人殘缺的動力，亦即，因為宿願未能實現反而出現懸念的動力，透過志工陪伴而獲得一吐心願的機會，這對臨終者來說反而是深刻的經驗。一般所謂「為臨終者完成未了心願」，其實破壞了病人的內心深度。我們曾看過自以為是的家屬或志工為病人辦生日、結婚儀式，以為病人會含笑而終，其實這情形很少，相反的，我們常看到病人在眾人慶祝之際落落寡歡，甚至昏睡在喧嘩的現場。

所以，作者提到，自從他在安寧病房做志工之後，才知道有許多知識是語言造作的，我們以為的「慈悲」、「放下」、「寬恕」等心理狀態，其實都只是語言的意義，但臨終陪伴卻可以使我們把這些語言的意義轉化為個人內心深刻的情懷，我們此時才會了解許多知識若未經過體驗，只是嘴皮子的玩意。換句話說，在存有相陪的處境，它會替你開顯真實知識，並讓你發現世間許多假知識。

我相信存在的最基本形式是情感，世界只是它的操作平台，過度沉溺於世界只會帶來錯認，直到臨終來臨，我們才重回存有的真實體驗，本書可說是最好的見證。

（本文是為張老師文化出版之《我願意陪伴你》所寫的推薦序）

濫情還得有點智慧

有時候我們以為是良善的心意，很可能只是虛幻的東西。我們對自己的身後事要有點智慧，別讓良善心意釀成濫情的苦果。

幾個月前台灣出現一個感人的故事。某男子貼文要為癌末女友找一雙「愛的鞋子」，這是她二年前被診斷胃癌末期後唯一想要的東西，男子希望能為目前已半昏迷的女友達成這個心願。此消息在網路上瘋狂傳閱，不到一天的時間，廠商就在台北板橋倉庫找到僅剩的一雙「adidas Originals SUPERSTAR」系列球鞋，只可惜女方在當天上午已經過世。

現代的安寧照顧出現許多膚慰臨終病人的方法。其中一項就是完成病人「未了的心願」。以我自己多年照顧臨終病人的發現，至親家屬心疼病人的離去，總是希望能為他做最後一件事。這是活著人的心願，但是我們卻要有點智慧。病人的病情往往在某一時刻會突然江河日下，也許早上你還在跟她聊天，晚上可能就撒手西歸。今天病人跟你談的心願，明天可能全都遺忘，而且是永久遺忘。

我們曾照顧過一位老伯伯。閒談間，他努努嘴向著身旁的長子，對我們說，沒看到兒子結婚可說是他畢生遺憾。事實上他兒子有女友，只是尚未論及婚嫁，聽老爸這麼說，兒子決心要作孝子，說服了女友提早嫁給他。就在匆促間舉行婚禮。當天，我們很高興地為老伯打扮襟紅花，問老伯高興嗎？只見老伯兩眼茫然，聽不懂我們說什麼。其實，那時老伯的病情已經無法辨識這個世界，所以從婚禮開始到結束，許多人來恭喜老伯，老伯茫然無回應，回醫院就過世了。不知者以為老伯是「宿願已了，歡喜歸西」，其實是病情惡化，加上一天的折磨，身體不堪折磨而逝。

我們並沒有對老伯的親友說真相，沒必要。可是心裡老想著，事情的真相往往不是那麼感人，但是有智慧地面對真相會少一些遺憾。前一個故事中的男子花時間在網路上溝通，其實不如坐在女友身旁輕撫著。我們曾經看到一對鶼鰈情深的夫妻，妻子罹癌，住進安寧病房。丈夫為了讓妻子病情好過一些，花許多時間與醫師討論、上網找藥方、煎藥給太太喝，忙得不可開交。直到有一天，妻子說，我快死了，你能坐下來陪我嗎？丈夫才發現自己錯了，妻子最需要的是親密的陪伴，而不是那些外邊的花樣。

有時候我們以為是良善的心意，很可能只是虛幻的東西。尤其在網路推波助瀾的情況下，非常可能變成可怕的濫情。在台灣風俗，老人家要過世，總希望兒孫都能在跟前，然後在眾人祝福之下，闔目而逝。我們在加護病房看見這樣的悲劇。老伯即將過世，可是人在美國的兒子卻還沒回來。家人為了怕老伯沒見兒子最後一面，「死不瞑目」，就請醫院以維生系統插管維持生命。可是我們開始聞到屍臭，老伯的皮膚也出現屍斑，這表示老伯的內臟器官已經開始腐敗，只是維生系統才讓心跳不停而已。這簡直是淩遲父親，可是家屬還是堅持等到兒子見最後一面。這種愚孝令人扼腕，但決定權在家人，旁邊的人也只能徒呼負負。

我也不想譴責他們。或許我們對自己的身後事要有點智慧，別讓良善心意釀成濫情的苦果。

（本文原載於中國《心理月刊》，二〇一一年一月）

《病床邊的溫柔》
The Psychology of the Sickbed
作者：范丹伯（J. H. van den Berg）
譯者：石世明
出版社：心靈工坊（二〇〇一）

簡單說心坎

我們在醫院裡陪伴病人的經驗是，慈悲與溫柔是不二法門，可惜在那悲苦的環境之下，人往往容易失去耐性；或者陪病久了，變得只盡責任心情卻麻木。

范丹伯（J. H. van den Berg）醫師是荷蘭知名的現象精神醫學教授，也是史性心理學的創始者。這些資歷對一般讀者也許不太重要，但是他對病人的用心，充分地表現出現象精神醫學的本色：對病人的主觀世界充滿細膩的心思，也因為他在帶領實習醫生之時，發現醫學訓練很容易忽略病人的主觀感受，因此特別寫了這本小書給實習醫生們。

譯者石世明先生在一九九七年開始進入慈濟醫院心蓮病房做志工，一方面也做他的臨終照顧碩士論文。我是他的指導教授，因為偏向現象學的心理學，所以介紹范丹伯這本小書給世明讀。可能是世明的心思與范丹伯是同型的，一樣心思細膩，所以世明一接觸到這本書就發現它的好處。那時世明每天中午前到病房，深夜一、兩點才返家，每天看三班護士交班。在他照顧病人時，發現許多照護現象很無可奈何，生病的人與照顧的人之間彷彿隔著深淵深谷，即使照護者很想陪伴著病人，也常因為不懂得病人的情況而不得要領，何況有些照顧者在病床邊根本不知如何陪伴，到頭來，病人與照顧者之間毫無契合的感覺，照顧者除了接受病人指令之外，大部分時間都很無聊，不是瞪著眼睛看電視，就是低頭看報紙。更糟的是訪客，把外面世界的紅塵喧囂帶進病房，從世俗人情到一些雄辯式的夸夸之言，真讓人覺得探病的品質實在有夠差。

世明碰到這種情形一定很多，心痛疾首之餘，讀到這本書，就立刻譯成中文，當初的目的只是要與病房的「兄弟姊妹們」（心蓮家族的醫護人員）分享。我還記得他帶著大家讀這本書時，還要大家模仿范丹伯在書上描繪的病人感覺。後來，世明覺得要教病人家屬與訪客，懂得如何來到病床邊與病人同在，所以決定將之譯出。

范丹伯的現象學式的心理學並不是通俗文字，卻用最簡單的話說最深刻的心理。對讀者來說，如果不懂心理學一點也不要緊，因為文字淺白，問題是在淺白文字之間卻說著最深刻的東西，所以閱讀這本書就需要緩慢，不能心急，才能品嚐病人的生病現象：與世界的遙遠、時間的緩慢、空間的收縮。雖然范丹伯沒有直接談到病床邊的慈悲溫柔，但是他卻以最溫柔的心把病人的心情寫下來，讓我們相對地感受到，健康的人對待病人其實蠻粗魯的。

病人臥床，世界變得很不一樣，有時候會很想與人親近，有時候又希望孤獨，甚至有些病人會顯得很焦躁，有些病人會因疾病拖累家人而有罪咎感，可說是不一而足。我們在醫院裡陪伴病人的經驗是，慈悲與溫柔是不二法門，可惜在那悲苦的環境之下，人往往容易失去耐性；或者陪病久了，變得只盡責任心情卻痲木。後來發現，由志工來陪伴家屬，再由家屬來陪伴病人，可以把慈悲與溫柔重新撿回來。

（本文是為心靈工坊出版之《病床邊的溫柔》所寫的推薦序）

《美麗相伴》

作者：梁玉芳

出版社：天下文化（二〇〇二）

美麗的羅漢菩薩行

志工最寶貴的是「付出時間」，而不是服務的內容，病人或家屬並不喜歡陌生的志工或流水席的志工，因為感受不到「願有責任」的心。

癌末病人非常討厭一般世間習氣太重的陪伴者，但還是需要一種特殊的親密感，這種親密感只有那種心情非常靠近才體會得到。

非常歡喜我們的美麗師姊出書了。記得七年前，我的研究生在耕莘醫院做田野，剛好與美麗師姊同時照顧到小綿羊（病人雅文的五歲小女孩），後來看到美麗師姊持續照顧小綿羊，我非常感動。也許當年我的研究生對小綿羊真的很心疼，但也只能「默默地看著小綿羊牽著爸爸的手，跟著姑姑走出醫院」，但沒想到美麗師姊居然追在後面，繼續關懷的路。

後來與美麗師姊相遇是在阿穆的照顧。阿穆是一個人孤伶伶的帶著自己的氧氣筒住進慈濟醫院的心蓮病房（見石世明《伴你最後一程》，天下文化出版），原本不再治療，但後來又希望有機會療癒，所以美麗師姊又陪著阿穆回台北和信醫院做治療。阿穆的孤影如果沒有美麗師姊的相陪，幾乎無法走完臨終的路。

美麗師姊雖然受過一些臨床志工的訓練，但是真正骨子裡的東西卻是現代社會最吝於付出的時間與深度陪伴。人在癌末，最需要有時間的陪伴，如果只是一般的志工，每週來病房一兩次，照美麗師姊的說法，你幾乎每次都只能看到陌生的病人，但是，病人最需要的是緊靠著的陪伴人，陪伴人不需要太有學問、太有神通本事，卻要有心。這個「心」就是「專注的時間」。

有時候我們回顧生命過程，最重要的人往往就是「在一起」的人，但是在現代社會，「在一起」卻是看起來最昂貴的東西，忙碌的各方面打交道幾乎已經強迫性地把親密的人們拉開，幼兒離父母到保母家，夫妻相離為事業奔波，年老父母被擺在遠處，一幕幕的現代「離合」悲劇天天上演。美麗師姊剛好逆向著走，走回「在一起」的情感網絡。

慈濟師姊們其實已經出現這樣的模式：透過生命人情的網絡，幫助人走出一條生路。李維倫博士在慈濟醫院的研究結論指出，慈濟師姊透過最平常的人情網結，為受苦者拉出一條路，也為自己的生命拉出一條路，他將這現象稱之為「人情給路」。

但是，我們往往已經忘掉「人情」為何物。當我看到許多義工把精力放在許多技術的學習，卻把自己付出的時間摳得很緊，以至於在志工服務上把重心放在「服務品質」，這樣做其實是很不得已。志工最寶貴的是「付出時間」，而不是服務的內容，志工「付出時間」就是孕育人之情，而才能陪伴，因為病人或家屬並不喜歡陌生的志工或流水席的志工，因為感受不到「願有責任」的心。任何「願有責任」都屬於主動的發心，而在這樣的發心底下，師姊其實都做著最最平常的事情：餵食、洗澡、說話。最難的不是如何使用洗澡機，而是如何說話。其實陪伴的志工只要能「願有責任」地付出時間，不會說話也不要緊，而美麗師姊的「會說話」則屬於高難度的志工。

癌末病人非常討厭一般世間習氣太重的陪伴者，無論這陪伴者是自己的至親或是志工。癌末病人也許不能講話（如口腔纖維化或氣切），但是還是需要一種特殊的親密感，這種親密感只有那種心情非常靠近才體會得到，但是人在這種親密感之中並不需要說話，如果這時候話說出來了，這時的話一定非常窩心，而且是一種好似悄悄話的感覺。美麗師姊有這種本事，在與她說話的時候，會感覺那股親近先迎上來，話語才被說出。追索美麗師姊的這種天賦，其實從美麗師姊的任何作為都可以看出，尤其她為朋友兩肋插刀的事情，只是年輕時血氣太盛，一直到做酒家生意達到極大的發揮，而進入「願有決斷」的志工生涯之後，方才開始成熟內斂，把她天生的真性情找到可以立命的「著床處」。

美麗師姊悄悄話的本事裡蘊含著相當複雜的成分，有陌生人的推心置腹，有粗野的溫柔，有柔軟的堅定，以及聰明的親切。這些很異樣的成分搓揉起來，使得美麗師姊看起來很「異形」，她有著慈濟人的典型，卻只是深藏於內，而其外表豪邁不讓鬚眉，卻是一番羅漢型的女菩薩。

這輩子能認識美麗師姊，真的很幸福。

（本書是為天下文化出版之《美麗相伴》所寫的推薦序）

一分鐘的膚慰

一個輕輕的撫摸、一句深度關注的喟嘆，構成我受苦身體的人文空間，我在這人文空間裡體驗到膚慰。

在台灣皮膚醫學界有位美女醫師翁雯柔在年前過世。無論認識或不認識她的人，只要上「翁翁的部落格」，都忍不住要落淚。翁醫師幾乎把所有化療的各種副作用都「徹底地嘗過、吞下、也嚥下」，其中的苦楚，光是最輕微的一項，聽她媽媽說就讓人難以忍受：「每次的治療，對你來說是多麼刺骨的殘酷傷害，你都勇敢的承受。噁心、嘔吐、食不知味、渾身不適，過程的艱辛，實難言喻。標靶藥引起全身的搔癢、小疹子，真是推翻了你一向跟病患的忠告：『皮膚癢不要去抓，抓傷了不但不止癢，還會發炎』。媽咪看在眼裡，心在淌血，不捨，又幫不了你減輕苦痛。」

我多年陪伴癌症患者，最重要的一件事是如何幫助病人度過一分鐘、五分鐘或頂多三十分鐘。當痛湧上來的第一分鐘，病人需要立即的守護，但這守護不是去找人幫忙，而是當機立斷，眼前必須是陪病者立即處理。多年的經驗發現，老奶奶的辦法其實最管用。以我本身的例子，我也曾經因為藥物造成背部嚴重出疹，晚上徹夜難眠。有一晚，也是心理學者的老學弟夜宿我家，看我人躺在客廳難過地反轉，他嘆了一口氣說：「這日子怎麼過得下去？」說著說著，用手輕輕地撫著我的背，我被他這一輕撫，不自覺就睡著了。一個輕輕的撫摸、一句深度關注的喟嘆，構成我受苦身體的人文空間，我在這人文空間裡體驗到膚慰。

過去我們會用「治癒」來說明治療的效用，可是在現代繁多的疾病裡，談治癒其實是很奢侈的事。我們知道，許多疾病多必須「帶病生活」，如糖尿病、心血管疾病、罕見疾病等，而因病造成的難過必須在當下就給緩解，許多醫療的建議其實是很有問題的。如皮膚科醫師要求病患不要去抓，可是連醫師自己患癢都忍不住要抓，所以要求病患忍住不抓其實是罔顧生理的難受。大醫生很少會為小病人處理這種看似雞毛蒜皮的小事，然而對病人來說，癢起來比刀割還難受。通常會有一些老祖母的小祕方，如冰敷、塗氨水（尿）等。可憐庶民只要能解一分鐘的急，比啥都重要，可是卻不見醫界把這一分鐘的急認真思考。

翁翁的媽媽若只能在旁乾著急，那肯定是心理的酷刑。多少老奶奶看著孫子受病罪之苦，也是在沒辦法中撞出點子，雖然不是治癒，但對一分鐘的緩解絕對有幫助。美國小孩感冒，媽媽的雞湯是聖品，許多孩子喝完雞湯，就沉沉入睡，看在媽媽的眼裡，多好。在台灣的佛教家庭，常有媽媽在觀世音菩薩面前供一杯水，跪在佛前念佛號，這杯水就稱「大悲水」。生病孩子喝了，也常沉沉入睡。太過理智的人說迷信，那是不懂人的心是「關注」滋養大的，即使再病，也會有感於因為關注而出現的任何東西，那不是要去治癒病人，而是在病人急亂的時候給的膚慰，把那急亂的一分鐘緩和下來。

這些簡單的精神膚慰術無須學習，只要心裡有如老奶奶對孫子的心疼，自然就會有千種膚慰法子出現。

（本文原載於中國《心理月刊》，二〇一〇年六月）

《臨終諮商的藝術》
Counseling the Terminally Ill: Sharing the Journey
作者：喬治．賴爾（George S. Lair）
譯者：蔡昌雄
出版社：心靈工坊（二〇〇七）

病末諮商的疑情重重

以更柔順的方式與病末者相處，既無目標以強求，也不寄望高層次的轉化，而是以海德格的「不讓認知挺進」的「散步」來代替自我現實裡的奮進，亦即，以「退卻為進」的內在轉向，以無步數為步數的諮商態度，以被動的柔性、隨順的水性，與病末者存有相隨，可能是「病末諮商」最好的作法。

在生命的末期是否還能夠以「諮商」的姿態來面對死亡的憂懼，我始終抱著遲疑的心情，也始終充滿疑惑，多少人的往生就這麼過去了，卻未曾發現西方的靈性文化所相信的「最後階段的成長」，也就是一般所謂的「失落典範」——它的意思指的是「我在這一生苦心經營，怎麼到頭來全都失落了？在死亡的面前，我在此生贏得的一切聲名、地位、成就全都如泡影般地消失？」，這種極端個人主義式的「失落」對華人文化來說並不熟悉，反而會認為我們一輩子爭得的東西將傳給子孫，所以，在死亡之前我們似乎有一種虛擬的傳衍安慰著死亡的心情。

當然，對死亡的恐懼是全人類共通的，但在西方靈性文化，特別是近代的「長青哲學」與超個人心理學，都假定死亡憂懼來自人性發展的一個裝置，那就是「自我」（Ego），那是以現實感官為經驗基礎的一種感應器，原本只是白日意識的中心點，卻不是整個心靈領域的樞紐，但是自我卻常常竊占著個體的生活，以為自我是生命的主宰，處處以自己的身分、地位、性別、角色等社會領域的東西當作自己最根本的東西，處處維護著它們，以為就是自己存在的自尊。一般的靈性文化，將這種自我竊占的現象所構成的世界稱為「自我現實」（ego reality）。在自我現實的誤識之下，人們會以為自己是「不朽的」，而遮蔽了人的「必朽性」；死亡的最後成長階段，就是指在死亡瀕臨之前看穿自我現實的遮蔽與謊言。然而許多實證的研究卻指出，剛好與「最後成長」相反，許多罹患重病的人及其家屬都極力否認死亡將至，反而將自我現實抱得更緊，這就是所謂的「對察覺的否認」。

我們在病末陪伴裡，對人們這種抱緊自我現實的作為並不置一詞，保持沉默不予批判，這態度與「病末諮商」的意涵就有點差別，在一般的意義來說，病末諮商是有立場的，諮商者認為病末者可以在死亡之前出現生命的轉化，因此，立意以某種方式來引導，有些宗教團體會以它們的教義主張為基礎，教導它們的信徒遵行教法來往生，例如西藏的度亡法門或淨土佛教的一念往生法門，這樣的立意引導是否能夠使病末者轉化，因人而異，何況現代社會的無神論者並不接受傳統宗教的教義，轉化也無從發生。

背立轉向的轉化現象

在台灣的病末病床最常見的往生大抵以社會的倫理為主軸，只要親人雲集、近親在旁照顧，大致上就夠了，並不覺得需要任何心理諮商人員與病末者懇談，也無法領會「最後的成長」是什麼碗糕。以東方的邏輯來說，人都要死了，成長不成長有何干係？西方靈性修行人認為，如果能夠讓自己進入更高的存有層次就更好了，但是以現代社會世俗化的全面攻占人類心靈，而消費世代更是以吃喝玩樂為誘餌，勾引人類成為消費的「羊羔」，靈性的高層次幾乎已經模糊到不可知的地步，人們無法體會病末者的心靈，充其量只能以俗世（自我現實）的眼光作一些俗世的安慰（例如，「不會有事的」、「請一起努力吧」或送花、折紙鶴、寫卡片），而病末者則是沉默的轉化者，他們最後只能自己一個人獨坐天涯，坐起看雲水。

關鍵之處在於：我們對所謂「轉化」這現象實在太陌生，即使是心理諮商專業人員也無法體味轉化的心境。根據我們的陪病經驗，病末者確實會有「背立轉向」的現象發生，當一個人病沉到某種程度，他會自然地放棄社會性的勾連，也會開始不在乎他們在世的聲名、地位與角色。經常看到一些知交滿天下的病人，在進入病沉之後，就會在病房門口掛起「拒絕訪客」的牌子，而一堆訪客的花籃與卡片凌亂地擺在門外；它的主人已經進入內在轉向的縱深之地，那個地方不再有橫向的勾連，只有一步步地踏向烏有之鄉，那裡真正陪伴著它的主人的只有夢幻與破碎的回憶，它的主人開始放棄人身的束縛，讓心思自由地飛翔，從外邊的人來看，背立轉向者只是昏睡著，或者虛弱地躺在床上呻吟，可是轉化的旅程已經開始，病人背離社會，也背離陪伴他一生的自我現實。

這種背立轉向對一般還在世被自我現實豢養的人來說是無法理解的，充其量只把它當作彌留前的景像，最糟的反應是不斷以在世的價值去騷擾病人，例如不斷告訴病人「誰來看你了」、「你不能離開，我需要你」的哭喊，其實，這時候病人與親人已經是兩條不相交的陌路，在世的宿緣已經斷裂。

大於悟的「明白」

這本書的價值就在這裡出現。由於多數陪病的親人無法接受離世的事實，所以經常以俗世價值擾亂病人，必須由經過訓練的病末諮商師協助親人與病人脫離這種困境。本書的作者首先注意到病末者對死亡的憂懼，但是病末諮商並非消除這些憂懼，而是以憂懼做為轉化的基礎，進一步去「明白」死亡的真相，或生命的真相。

「明白」的意義並不是「知道」的知識性的東西，徐梵澄在《老子臆解》提到，「明」是一種大於「智」的悟：「明」是四達廣被，廣達則恍然大悟，靈感奔至，智是切分，切分則絲毫畢見，而任此明之四達廣被居於被動，及至私心起，智用出，則靈感寂，明悟晦，而「天門」闔矣！

照老子的說法，「智」無法像「明」一般地四處通達，而必須有個切入的平面，而「明」則是一種四達廣被，聽自然而不用智。這個說法甚有啟發性，但是如果將「明」與「迷」作對立，「明」的寬廣度就出來了，那是可以對某種無名狀態挺進的姿態，靠進的地方處於「天」——那是無名的他者、無知的上帝、人類的盡頭深淵，或者被稱之為「終極」之地。但是這並非人能用一般的理解所取得的，相反的，它剛好就是「無知」，以「無知」對付身命的騙局，即使死亡本身也是活著的欺瞞，法哲巴塔耶（Georges Bataille）很明白地體會到這空白維度：

「我感到真實世界的暗無天日，空白環繞在我四周，這種感覺與凡人甚為不同，和他們相較，我眼瞎，我痛苦，我無法感受他們的感覺」[1]

例如夢的隱晦正是在這意義的「明」。當我們苦心積慮想將夢的隱晦說明，我們剛好在做相反的事，我們以為的「有知」只是建立在空白維度的虛構，我們所有的不明剛好是接近真實的「明」，因為剛好是靠近真實而且是無法落實的真實，就如無限接近空白維度的那種接近，虛構意識逐漸失去準頭，通常的明消失了，真正的明開始之時，人就進入暈眩，不能思考，而就如夢裡，我們彷彿很自然地做一些事情，彷彿在尋找什麼，因為真正要尋的東西絕對不在，所以，夢裡的忙碌常無法給出個道理，但是一些零碎的念頭卻不斷此起彼落，這些零碎的念頭常不斷縈繞著我們的心頭但無法解得其義，這些殘片非意識的延伸，而是一些未完成的心頭恨或愛，我們稱之為「殘餘」的東西。

以退為進的病末諮商

這些殘餘會隨機虛構與牽連，有時會使病人心煩意躁，但是卻很容易被在世的認知所激怒，本書的作者提出「促發」（一般諮商輔導書籍譯成「催化」）的諮商技巧，以卡爾．羅傑斯（Carl Ranson Rogers）的個人中心諮商法，並搭配超個人心理學的各種冥想引導，提供病人沒有俗世壓力的無條件關懷與愛。個人中心的諮商被視為支持性諮商，並不設定強求的目標，與一般「硬性」的心理治療（如認知行為治療、問題解決療法等）不同，它隨著病人走，主要是在陪行的心旅過程提供高心靈品質的心理支持，有相當程度的柔性，可以避開自我現實的介入，對協助病末者的釋懷甚有幫助。比較有問題的反而是肯恩・威爾伯（Ken Wilber）的「意識光譜」概念，到底病末者的意識層級可否轉化到「超個人層次」，概念本身即是個極端不確定的構想。轉化的機制被肯恩・威爾伯過度簡化成巢狀的存有鏈，一方面論點提得太高，抽象得無法接近臨床經驗，一方面所謂「高層次」到底為何，無人能明白。如果從我們實際臨床經驗來看，假定一件事有三百六十個角度，自我現實提供幾個正面的角度，以及這些正面角度的相反角度，但是沒有碰上疾病所造成的斷裂，某些事情的角度是不會「轉變的」，而有些事情則會發生激烈的轉動，例如原本在乎的感情羈絆、世間恩怨可能會煙消雲散，而在病末者的最後旅程會隨著個體化的機緣變化，但這變化並不必然走向超個人心理學所謂的「整體」發展，而是在各種因緣際會底下以個人的際遇發展，因此，我們很難以一個簡約的「整全」存在的概念來觀察臨床的實情。

另一個困境是作者認為，在轉化的過程，病末者從世間轉出，使得病人先疏離在世的關係，放棄現實自我所營造的歸屬感，而使個人得以「活在當下」。基本上，我們的臨床經驗

1 Bataille, G.(1988). Inner Experience, p.69. New York:SUNY Press.

發現，放棄歸屬感並非有意識的動作，而是隨著病情的下沉而自動發生，很少有病人有意識地放棄歸屬感，所以我們寧可相信它是背立轉向的附帶現象，而不是轉化意識。至於「活在當下」這現象也非常模糊，尤其當病末者進入遐想夢遊的幽冥處境，「活在當下」本身並沒特殊意義，但是這個名詞是西方文化當紅的概念，本身對尚活之人有許多不同層次的意義，它可以意味著自由，也可以意味著不執著，但是對病末者來說，這些自由或執著都隨著病情的下沉而自行消解，因此「活在當下」對病末者並無多大意思。

倒是將羅傑斯的個人中心諮商推到極致，以更柔順的方式與病末者相處，既無目標以強求，也不寄望高層次的轉化，而是以海德格的「不讓認知挺進」的「散步」來代替自我現實裡的奮進，亦即，以「退卻為進」的內在轉向，以無步數為步數的諮商態度，以被動的柔性、隨順的水性，與病末者存有相隨，可能是「病末諮商」最好的作法。

譯者蔡昌雄兄多年關注安寧照顧，雖然從宗教與哲學入手，卻能跨越領域走到心靈諮商的領域，也想不到這麼一本諮商專業的書竟然是由哲學家來翻譯，可說是異數。病末諮商還在起步階段，還需要國內的安寧照顧心理師的努力。本書可說是投石問路，至於其中的委婉曲折、柳暗花明的靈性轉化機制，還有待更多的研究來闡明。

（本文是為心靈工坊出版之《臨終諮商的藝術》所寫的推薦序）

《依偎在佛陀的膝上》
In the Lap of the Buddha
作者：蓋文．哈理森（Gavin Harrison）
譯者：鄭淑芬
出版社：知英文化（二〇〇〇）

人如何盤算他的最後時刻

我從「病人相應法」所獲得的感覺是，病人的柔弱恰好指示了「第二生命」的核心：我們心性的本覺開始發微光，這使我相信，臨終最大的幸福是活在這個心性本覺的慈光裡頭。

在寫這篇序言的過程，我也經歷著與作者平行的心路過程，我原本對靜坐冥想的修行僅僅賦予淺薄的想法，大概不會超過蔣維喬先生的「因是子靜坐法」的層次，也就是一般調養身體的層面，可是慢慢的與臨終病人相處，我才發現人臨終前的幾個月，通常疼痛的混亂，並不是除了仰賴止痛控制之外，一點辦法都沒有。冥想靜坐顯然透露一種深刻的訊息，我過去所不知道的。

一張醫院的病床，可能有上百上千的人死在上面。當護士匆匆地將病床的人送走，另一個人就躺在上面。我們每個人都前仆後繼的往最後一張床躺上去。任何眼睛即將閉上的人也許沒有時間盤算自己的死亡將會如何，在旁照顧的親人也未曾想到為自己的亡故做一些準備。這不是責怪人不知死，而是面對死亡的生活是如此陌生，即使想了也彷彿是空想，不如實際一點，怎麼活就怎麼活，面臨死亡的時刻再說吧！

人是怎麼死的，恐怕大多數的人都很難知道：有的人躺在最後一張床上，空茫茫的對著天花板，有人為著疼痛不斷求醫生給一針麻藥止痛，有人臨終受洗塗油膏，有人坦然無懼，祥和面對死亡，這些種種臨終的型態，總告訴我們一種面臨死亡的基本處境：我們必然要面臨一種沒有庇護的情況，就如同約伯對上帝的抱怨：

驚恐臨到我，
驅逐我的尊榮如風。

我的福祿如浮雲過去，
現在我心極其悲傷，
困苦的日子將我抓住。
夜間我裡面的骨頭刺我，
疼痛不止，好像齦我。
《約伯記：三十》

一種更令我一生都處在驚恐的心情：時日天天在漸推移，活著本身怎生了得？倒不是我想固定一些生命的本質，讓一些很根本的東西在有生之年保留下來，相反的，我認為所謂「生命本質」的東西是個欺瞞的騙局，而真正要的反而是在活著的悲哀裡進行的鍛鍊。這個心靈的鍛鍊拒絕任何照相似的自我描述，例如，我是什麼樣的人，我將成為怎麼樣的人，回顧我一生，我將如何看待自己。這些照相似的描述都讓我興趣缺缺，因為把自己閉鎖在自己的殼子裡，朝向死亡之旅能夠真確明晰的感受著，才是我真正的意思。人不知道自己是怎麼死的，意思指的是人不肯去認自己的死亡之旅，只肯用照相式的假圖像回顧自己的一生，就會患智障的毛病。我不相信生命固定的本質，是因為朝向死亡的旅程依舊受到不同的際遇機緣而獲得某種明白，就像胡因夢從自己的旅程看到一些自己未曾理解的生命，而不是抱緊「究竟般若」的假象。

但是偶然讀到或聽到一些故事，卻在心中搖撼不已。最近讀到日本評論家江藤淳自殺殉妻的報導，其中的一段話就一直留在心中：

「慶子得癌之事實，江藤淳一直不忍告訴慶子，江藤淳細心照顧，慶子的痲痺延至右腳，沒有步行器無法上廁所，江藤安慰妻子說『偶爾有這種事也不錯，或許便是世人所說的充電』，在慶子過世的瞬間，江藤寫著『在慶子還有體溫時，我從慶子左手的無名指悄悄地把結婚戒指及一起戴著的翡翠戒指卸下，放到自己的皮包中，我看著窗外，黑色而澄清的夜空裡，星星看來像是全落下來』。」（中國時報，1999.7.23）

江藤面對妻子慶子，讓慶子的來到面前朝向生死無盡裡：「黑色而澄清的夜空裡，星星看來像是全落下來」，這番情景讓我想起臨終病房的病人，痛苦的肉體短暫的安歇，望著窗外的青色山脈，雲在山頂停留，也許明天就會離開此世，這一瞬間的幸福卻如此生死無盡。

生命之旅不是去把握什麼，而是作為旅人的不斷趕路，儘管在趕路的途中作了什麼，也在下一個驛站消失了。旅人行路並不是有什麼目標，而是經常面臨選擇，要走上哪一個方向的路。人也許有許多條路，但是方向卻很少，我們從年輕開始趕路，總以為會做點什麼，給自己做點可以交代的事，但是一路趕下來，才發現總是在一個方向走，路是越來越熟悉，自己越是無話可說，後來才發現前面可能是斷崖，因為死亡橫阻於前。對人生的勇者來說，只要能夠拚命，在最後一口氣掉落死亡的深淵，也就算了。這或許是現代人最願意做的事，也是科學面對死亡唯一能夠說出的豪語，可惜的是，身體的毀敗總是早於死亡，當身體毀敗之際，人生處處難行，想戰死沙場的心情早被病魔折騰得心灰意懶，罔論癌症逼身，愛滋纏身。

我相信死亡賜予人類第二個方向，讓人決心走上第二條路，活第二生命。我所理解的「第二生命」是：「精神的重生是對過往習氣的完全棄絕，使我們逐漸獲得一種身體衰老卻活活潑潑的生命感，『讓生命豁然開朗，無限曠達』，主要的原因乃在於我們的真心百分之百實踐本心，每做一樣事情，已經不再牽掛個人利益，而是將真心用在每個時刻、每件事情。例如：專心與人說話，而不必顧慮與他說話有何利益，寧願去做一件心裡最想做的事，而不必顧及自己的身分地位。」

顯然這只是粗淺的界定，重點在於如何使活著的時光變得深邃，活到根部裡。在這裡就涉及靜坐冥想的功夫。許多在病床前與病人相處的人們，我常發現他們內心的忙亂與空虛，也許想替病人作點什麼，或者想說些話，可是卻無法與病人溝通。在臨終處境，無論是病人或照顧的親友都相當混亂迷惘，若依照一般人間世俗的想法來面對死亡，可以說是完全徒勞無功，例如「立遺囑」、「交代後事」、「實現願望」、「不要壓抑自己，想作什麼就作什麼」等等，都只有很短暫的效果，甚至做完之後，人會變得更沮喪，因為死亡並不在那裡，而在更深沉之處：一種無邊無界的黑暗。

索甲仁波切很清楚地體會到這片無盡的黑暗，只有無盡的慈悲光亮才能讓病人與其家屬體認到死神的恩典。如果黑暗的死神不向人們展露無盡的黑暗，人類永遠不會努力發覺無盡的慈悲光亮。索甲仁波切在《西藏生死書》（第十二章，慈悲：如意寶珠）很明白的說，你只要非常專注與慈悲的坐在病人身邊，病人就會安靜起來。可惜，多數的家屬只能用哀戚的眼神看著病人，以致錯失了死神的恩典。

靜坐冥想的功夫就在這裡：「觀想我們最珍貴的生命是眼前的時光，這段時光的珍貴在於我們能夠活在深度安詳的寂滅，雖然時光不再，但絕非是一場夢，而是實實在在的活著，一分一秒都是出自本心，而不是永恆的成就，因此，時間的過去不是以事情的成敗來衡量，而是以當下最真心的感覺所綿織的綿綿密密。」這樣的觀想需要一種最全心的專注。當我有幸能夠在病人臨終的時候陪伴，我總是學習去做如此的深觀，開始的時候我會感覺到旁邊親屬或朋友的浮躁，後來我試著摒棄這種感覺，專心地與病人在一起，包括傾聽他的喘氣聲，感覺他一分一秒的呼吸，慢慢發現病人的臨終示相開始教我，有一種鉛球式的沉重感緩緩地沉入清澈的海底，儘管病房的冷氣襲來，我全身的汗珠慢慢冒出來，我依舊如鉛塊的心沉入海底，我彷佛與病人同處在一處，我開始可以輕聲與病人說話，有時隱約之間聽到他細微的聲息，我只能點頭說「好……」，有時候我可以感覺到他的騷動，他對一路走去的黑暗感到焦慮，只好對他說：「不怕，我陪你走」。在短短卅分中的陪伴，我往往汗流浹背，但全心有無比的安詳。我知道，我被病人教導，走到他的身邊，懂得他的情況，並與他作伴。尤其在病人嚥下最後一口氣之前，我都可以如此獲得深度的觀想，比任何我曾經學到的放鬆方法還深刻無法估計的倍數。我把病人臨終的教導稱為「病人相應法」。

修習「病人相應法」的一般情況與本書的內觀禪坐相當類似。我總是觀想我曾經相處的病人的臨終示相，慢慢獲得深觀。我對所謂「習氣」也慢慢瞭解。有一陣子，我對一些人們的言行感到厭惡與憤怒，我想很根本的原因是與我所體會的深觀相抵觸，而從這種厭惡感，我才明白為什麼病人的躁動可能與陪伴的人有關。許多臨終陪伴的人還活在剛愎自用的自我，他們不但不能與病人溝通，而且還以剛愎的自我操縱病人，無論是基於宗教或習俗，都在背後用剛愎的自我去翻攪病人的柔弱。但是，我從「病人相應法」所獲得的感覺是，病人的柔弱恰好指示了「第二生命」的核心：我們心性的本覺開始發微光，這使我相信，臨終最大的幸福是活在這個心性本覺的慈光裡頭。

我們的習性最多只能修煉出善的德性：謙恭、良善或仁愛，但是第二生命的本覺卻是虔誠、真誠、慈悲與愛，在第二生命的領會卻不同於社會習性的理解。當我與照顧病人的親友談到慈悲與愛，他們都似懂非懂的以為是社會習性的愛與寬容，總是說：「病人想要什麼，我就為他作什麼」，可是心中卻一片茫然，以為只要作一些為病人設想的事物就是了。很少能夠靜下心來，沉默端正的與病人相應。這本書的一些內觀禪修的訓練，可以引導病人家屬做到這點。

此外，當病人疼痛混亂之際，內觀禪修也可以改變病人對病痛的觀想，讓靈覺深入病痛，體會我們與病痛同時存在，我的痛不再是由「小我」來承擔，而是將自己觀想到宇宙生生滅滅的生靈，我是其中的一部份，我的苦痛與死亡是我們早就存在的事實，與其奮力對抗而使心力交瘁，不如以慈悲喜捨的心情，善納痛苦。病痛的可怕並不盡然是身體的，但是現代的醫學常常誤導人們，以為觀想的靈覺無益於痛苦的減輕。本書有很大的篇幅來處理這個問題，而且我相信是有效的。唯一的關鍵在於：我們能否接受必死，並以如此的絕念來度過臨終的痛苦。我曾經在與疼痛的病人相處之時，建議這種絕念，以便產生與病痛和好的心情，有時病人十分猶豫，默然不語，有時病人害怕這種想法，寧願繼續加重止痛藥劑，連醫護人員都為他擔心。我相信這是很困難的部分，在平時缺乏修煉，驟然聽到這種與習性完全相反的道路，完全失去準頭。但是我們也見過與病魔怡然相處的病人，只要協助提醒，他們也就安然過去。也許，我們在健康的時候，能夠與小病魔做點練習，也同時體會顛覆習性、走向第二生命的練習，給自己一個機會。

當美藍要我為這本書寫序，我正當體會到一些東西，多少與本書的觀點不謀而合，所以欣然寫下一些我個人的經驗，但是心中依舊很悲哀，因為看到很多人不斷沉淪到習性的巢臼，跟我講一些看起來毫無出路的話，我卻一點辦法也沒有，這本書以作者個人經驗協助人們，讓我覺得宛若活菩薩的作品，十分樂意推薦它，並祝福有緣人能夠受到它的幫助。

（本文是為知英文化所出版之《依偎在佛陀的膝上》所寫的推薦序）

《好走：臨終時刻的心靈轉化》
The Grace in Dying: How We Are Transformed Spiritually as We Die
作者：凱思林・辛（Kathleen Dowling Singh, Ph.D.）
譯者：彭榮邦、廖婉如
出版社：心靈工坊（二〇一〇）

讀這本書的人是幸福的

若將臨終不設想成存有之光，而是時間流的完全作用的話，那麼，回到非臨終時間，人就好像有點明白了，亦即，其實我們沒有在臨終狀態，但可以有時間流。若把「靈性」看作是那時間流，我們就可以比較清楚看到，我們可能做某一些動作，如打坐的狀態或運動的狀態、讀書、思考的狀態，很可能那物化的機制會被停下來，但我們可以直接去感覺到單純的生命，那種存在狀態的收縮。

出版因緣

記得二〇〇〇年，這本書剛在美國出版，我如獲至寶，因為長久在緩和照顧病房陪伴病人，也研究著臨終靈性的可能性，但是從無數的專業雜誌閱讀「靈性」的研究論文，幾乎都是隔靴搔癢，我失望地明白了一件事：要在知識界求知靈性無異是緣木求魚，而宗教文本的說法則又太過成規，立論太霸氣，不給探索的空間。這本書結合了超個體（transpersonal）心理學、蘇非教派、西藏大圓滿教法、東方佛禪思想以及實際臨終照顧的經驗，把整個臨終照顧的過程給出一個說法。這是很不容易的過程，作者凱塞琳・辛格（Kathleen Dowling Singh, Ph.D.）是個資深的臨終陪伴宗教師，也是臨終照顧的心理師，她的細膩、安靜、堅定與深刻，把靈性不落俗套地點出來。

這本書曾經伴我一年。那一年我的身心受到慢性病的侵襲，出現類似憂鬱症的疲累，我的研究生剛好都在做有關靈性方面的題目，卻一籌莫展，我在亞馬遜書店買到此書，恰好補足我們靈性研究的空缺，也引導我們順利完成那年的研究計畫。

全書本事

本書的寫法非常簡潔透徹，作者用簡單的文字說複雜的意思。在第一章她就以綜合蘇非、西藏生死觀的精要說出「死亡是安全的」，她把死亡當作能量的蛻變，死亡的過程即是物質身的能量轉化，人歸反至另一種能量體系。這能量體系被蘇非稱為「存有之光」，類似西藏中陰救度的「母光明」。但是人類因為發展心智自我（mental ego），遮蔽了存有之光，使得我們寓居於世的時候只看到世界的現實，而不見萬物所居的更大本體。這個道理不容易懂，作者在第二章以超個體心理學的觀點說明我們的心智自我是如何長出來的，接著第三章，她用蘇非神學提出更大的靈性圖像，指出人們逐漸由心智自我的消退而發展出靈性的諸階段。在第四章則以肯恩・威爾伯（Ken Wilber）的心理學思維，鉅細靡遺地描述心智自我的毀敗過程，人的性格如何與陰影整合，身體與心智整合、我與非我整合、生與死整合。

在第五章，作者離開理論的說明，從她陪伴臨終者實際經驗指出，死亡可以不是悲劇而是恩寵。問題的重點在於死亡「如何是恩寵」？恩寵的意義在於歸反存有之光，所以作者在第六章提出各種修行的方法，主要是以冥想靜坐來體會母光明。

最後四章則與臨終照顧有密切關係。作者傾一生的經驗，將她在臨床觀察的現象與一般臨床指標（如KPSS）接應起來，詳述病人臨終的每一階段的身心靈狀態。第八章的內容對所有陪病的家屬、醫護人員、志工都非常重要，由於講得十分具體切實，第八章的臨終彌留的氛圍充滿恩寵，令人感到臨終的幸福。

靈性的弔詭

但對研究者來說，本書也有許多問題值得探討；本書的核心問題在於詢問：到底人在死亡之前，會不會有個靈性的階段來接應著死亡？也就是說，人在臨終之前，會不會有一種自然的變化而朝向靈性領域？如果靈性被證實為臨終之前必然發展的階段，那麼這本書所要宣稱的目的就達到了。

靈性被視為不可見的神聖領域，已經相當長久的歷史，但每當人們探詢這個不可看見者到底是何方神聖，似乎立即就被「障蔽物」掩蓋住，「靈性」本身一被提問就消失得無影無蹤……就好像時間，我們似乎都懂得在時間裡過日子，但被問到「時間」，我們除了指指時鐘手錶之外，無法回答；靈性好像無所不在，但當我們被問及「靈性」，除了指指宗教開創人或神像神殿之外，也一樣無話可說。

除此之外，我們對「靈性」也充滿了誤解，我們經常會錯誤地認為，靈性是一種非凡的特質，彷彿是一個德行高超的品質，事實上，多數的宗教都以「空性」（Sunyana）來對待靈性，意味著靈性的內容並非是某種特質或內涵，相反的，靈性必然是一些無法掌握的事物：一種流動、一道靈光、一種閃耀，或者是一種乍現，對它本身作為「是什麼」（what it is）在一開始就採取所有否認的態度（即：不是什麼），甚至連否認這個詞都顯得太臃腫而累贅。亦即，它必是一種活物，但是這種活物不具有任何實質性，無法被心智理解，儘管如此，對人類的影響卻是根本而深遠。

靈性論述的反思

那麼，我們如何從這本書來追索靈性的存在？

《好走》一書給人幸福安定的感覺，但不一定讓所有讀者覺得踏實，因為談靈性轉化到最後階段，尤其是到涉及臨終的狀態時，很多話語性的意義會開始扭轉到無語領域，語言的可靠性亦漸漸消失，但對一般人來說會覺得看不到臨終之光，尤其作者採用蘇非祕教神學，承認人在臨終之前會歸返「存有之光」，因此「光的冥想」是主要的臨終陪伴修行法門。就宗教理論而言，母光的存在是聖諦的，但當所有的現象都告訴你，那光依舊是人類自己刻畫出來的，是用思想、用畫描繪的，所以對那光並不確定。然而，「存有之光」的存在又是我們人類最初所感覺得到的幸福那樣，就像瀕死病人感覺到隧道遠端的光，在他們醒來之後，都不約而同地讚美那光的溫柔、慈悲與大愛，但人們可能還是會猶豫，我們會不會也是弄了一個玄虛畫餅，儘管那畫餅或許比其他的宗教陳述，如耶穌、上帝、阿彌陀佛、三聖、祥瑞的接引都來得更好，但畫餅如何接近真實，依舊是問題之所在。

如果靈性不是光，那又當如何？

若是這樣猶豫，我們大概需要回頭，不去講光而講一種狀態——若我的記憶是人性的虛構，臨終宛若碎片的記憶開始出現流動，一片出來就不見，另一片出來也倏忽不見，凡是顯現過的就流逝而不復返（列維納斯〔Emmanuel Lévinas〕稱為「絕對的歷時性」）；記憶的三角水平，就像天上的流星，重點不在碎片本身，而是在其一去不復返的流動，真正的問題是，我們根本不知道何以飄動？但可以肯定的是，那飄動的絕對是記憶的碎片，無系統性的記憶，也不勾連，不會看到誰就想起什麼。但記憶的碎片怎會如此流動？過去我們稱這流動的記憶為「擬像」，在這個時刻話語不見而影像優先，然而，影像的優先本身也不意味著有何重要性，因為從大腦的記憶中，只要是記憶，多少都會跟某種影像建構相伴相隨，所以不如將影像視為記憶的碎片。問題是臨終者的記憶體，早就被打破、打成碎片，進入流動的狀態，讓那些記憶體的碎片一去不返。

這與「存有之光」的靈性論述差別甚大，「存有之光」是所有自我遮蔽狀態都消失，而原初的存有之光都開顯；只要「存有」開顯，我們的本心、真實面貌就會浮現，這一浮現我們就會有一種像原靈的光現出原型。然而，記憶碎形的論述並不是現出原型，也沒有圓神意識（Unity Consciousness），這意味著什麼？意味著所謂「原初狀態」根本就不存在，反而靈性意味著冥識狀態——比較接近受精卵分裂之際的冥識狀態，既無所思，也不長出什麼就要被收回，只會越瀕臨終心智越簡單，後來退出世界，意識整個被打散——這也好像意味著「空」本身是人存在的一種「先在」——即，人為的存在之前，人是以空性為預先的存在。但這樣的想法還是不妥，因為空性雖然可以稱為「絕對的空」，但依舊有強大的力量，很多事情也不是因為感覺不到就以為不存在，幾千年來的宗教傳統，都早就存在以空為依歸的觀點。

不落實、不物化的「靈性」

人間有的是相對的空性，天生眼睛瞎的可以看見聲音，反而不會懂得什麼是一片漆黑，天生聾的人更不知何謂寂靜無聲，他們可以從聲音感覺到一些震動，所謂「空」都有其相對性，所以在生死領域談的空性都要加上「絕對」二字，但這語言並不會抹除其相對性。這個困窘有一個解法，亦即將放在心智的記憶破碎掉，讓意識流動，去感受一輩子未曾感覺的時間流，生命就是時間流，最後的生命是不限形象的流動體，有時間性，但時間本身無法得見，所以當要對空性或存有、死亡狀態提出想法，都會落入相對性，只有進入絕對的時間流，才能免於這種相對性。所以在這之中，時間會變成所謂的「純粹時間」，也就是這段臨終時間可能真的是進入完全流動的狀態，可能被默會而不可能被認知，但此刻人還活著，不用在這之中談寂靜，它就是寂靜自身。

若將臨終不設想成存有之光，而是時間流的完全作用的話，那麼，回到非臨終時間，人就好像有點明白了，亦即，其實我們沒有在臨終狀態，但可以有時間流。我們的自我對時間流有物質的固化能力，將許多「不見者」落實的能力，譬如，我們的智能本身即是一種落實的狀態，我們認為「我是誰」的我也是一種落實的狀態，我如何看我的身體、自我的影像也都是由自我意識來落實，在這萬般都開始落實的當中，時間流就隱藏在背後，亦即，時間流從來沒有消失過，但隨著落實的過程隱藏不見。若是如此，臨終就是把固化的落實機制停止了；一旦自我意識被停止下來，時間流就再度成為主題。

簡約地說，若把「靈性」看作是那時間流，我們就可以比較清楚看到，我們可能做某一些動作，如打坐的狀態或運動的狀態、讀書、思考的狀態，很可能那物化的機制會被停下來，但我們可以直接去感覺到單純的生命，那種存在狀態的收縮，這樣我們至少可以把光的物質性去掉，不必罣礙於那是何種光。

何謂「修行」？

《好走》一書大量使用蘇非的心靈圖誌，將心靈轉化的層次分成有好幾個階段，但我覺得很猶豫，他提出很多性質，通常提出「性質」都很容易被還原，因為生命如果可以被還原為純粹的時間流，你願意加什麼都隨便你，時間流被落實成固體化也無所謂。

如果這個想法成立，這個世界上就無所謂的解脫。但是這個理論又可以包含解脫，光的冥想也可以被設想為其中的一個特殊狀態。因為《好走》的第一句話就用了法哲柏格森（Henri Bergson）的話「如果要探究真理，就要躍入死亡，進入未知……」以我瞭解柏格森，這就是時間本身，如果以柏格森當做宗教大師，那他就是純粹時間的生命大師，他要修煉的就是在時間裡的流動。

哭泣本身就會令人想到空的性質，例如，日本京都學派所談的「空」的豐富性，它的豐富說穿了就是流動，用空來對待插畫，這都是日本人處理空的方法。我有一個直覺就是不能談空，雖然佛教談「一切皆空」，用空來對待兩人說話之間的沉默，或者用空來對待茶道。宇宙洪荒都是空，這都是太過古老的主觀的測量。

所有你想像不到就叫「空」，所以也不需要用人的個體去測量「空」。因此，空並不是不存在，而是有種人無法測度、無法理解卻切實的存在。人可以拿自己的理性拒絕這些無法測度，但這種拒絕對人並沒有益處。目前我們知道進入某種時間流可以讓人粗略體會到「空」，例如憂鬱症病人的時間經驗，憂鬱者最害怕時間，在憂鬱中，心智縮得很小，其落實能力變得很弱，所能落實的東西縮到很少。憂鬱者的時間多到不知該怎麼過日子。人在不憂鬱時，跟人聊聊天，一下子都不覺得時間在過去；可是憂鬱的時候，多講一句話都嫌太多，以前在我最憂鬱時，坐在研究室，整個人就難過得一蹋糊塗。後來，我才知道，憂鬱症一定要有人陪，只要有人願意陪，都陪得進去。陪伴者可以幫憂鬱者掌握時間，胡說八道都無所謂，這可以幫助已經完全無力掌握時間的憂鬱者把時間度過。這剛好跟躁症相反，躁症是時間不夠用。憂鬱症有一個好處，若有一個讓他安心的環境，他會蠻幸福的，只要一點點時間、小地方、燈光，不用複雜，他就可以像和聲的小孩子穿進一個小小搖籃，小小燈光。記得我憂鬱症的時候，對多數的電視節目都看不下去，只能看幼兒頻道的「天線寶寶」，其話語都是最簡單的。等病情好轉，就可以從「天線寶寶」到日本連續劇——「阿春」，阿春是一個旅館的小女孩，心地善良，是有心替人排解的女孩，故事情節都很簡單，慢慢「阿春」結束了，出現另一齣比較複雜的日本劇，越看越複雜，我就發現，電視反映出我的時間結構。但想想，這一過程不就像一個小嬰兒慢慢長大，所以，憂鬱症的時間就是一個慢慢長大的過程。

這個奇妙的旅程使我對現象學著迷，更對時間流有特殊的敏感。後來讀法國哲學，才知道時間、空無原來是法國哲學的哲學智慧之所在，也驚訝於這世界文明的地下室早就充滿了「靈性」的各種論辯，全世界每一時期都有一定數量的人在思考這問題，而且無視於這世界熙熙攘攘營造著自我的假象。

這些人是幸福的，讀這本書的人也是幸福的。雖然很多人是在親人走了之後才看到這本書，但依舊不減幸福，尤其第一章的結語令人膚慰人心：「死亡是安全的」。

（本文是為心靈工坊出版的《好走》所寫的導讀）

《你可以不怕死》
No Death, No Fear: Comforting Wisdom for Life
作者：一行禪師（Thich Nhat Hanh）
譯者：胡因夢
出版社：橡樹林文化（二〇〇三）

扒開細縫，一瞥生命的無窮

一行禪師對「無常」與「無我」的立足點全都移到廣袤意識底下，他明白地反對俗世所喟嘆的「無常」，認為那概念式的「無常」或「無我」，往往只是一種心智守常的偽稱，而非廣袤意識的「永常」。

所有的修行人，無論是明顯的宗門教徒或無宗門的虔信者，都面臨著「視域擴展」的難題：這個鎮日跟著我、使我成為「此在」的我的「思索者」如何突破自身，將視域擴及宇宙，使個體的狹隘知見轉化到非片面的圓融意識？人類的「心智自我」（mental ego）愈發達，愈對視域的擴大有了野心，但光憑心智自我的官能就想突破個體的片面性，其實甚難。

我們是否能夠超越有限的生命？

人類的高級智能之所以追求科學，並不必然是為了高科技所帶來的文明幸福，而是連帶著人類對宇宙意識的追求，希望我們所理解的視域不再僅僅限於肉身官能、可見的存在以及有限的生命。但是，我們是否能夠如愛因斯坦等科學家照見的廣袤視域？或者這麼問：如果我們不具備高級科學的思維，作為一個自然人，是否也可以抵達愛因斯坦的廣袤視域？

這個問題早在三千年前就在人類的宗教意識裡萌芽，並且在許多宗教的創始者那裡獲得初步／終極的方向，他們為了提高超越性的覺識，而開啟了對「心智自我」的攻擊（例如，對「我執」的無情攻擊），他們或者發現人類心智自我的片面性，或者在不尋常的狀態之下，瞥見無垠的宇宙視域所開展的景象，他們將之稱為「涅槃」、「梵天」或「上帝的臨現」，但這一瞥，事關重大，必須動員最高的智慧（例如，被那稱為「般若」的東西）才得以一窺，但卻不見得獲得究竟。

修行人為何能認識修行之必要？

人類究竟有沒有必要去獲得這類超越心智自我意識的廣袤視域？許多俗世的觀點都認為這種費心只是不切實際的狂想，人的實存就是一切可以讓心智覺得與真實勾連的事物，而不必是終極的實相（ultimate reality）。於是，人類只要守著他的個體興趣，以他個體有限意識來掌控一切，以便讓自我實相以非常確實的方式加以把握，就如同希臘古哲赫拉克利特（Heraclitus）的名言：「人的習性就是他的神靈。」亦即，人們以自己的興趣做為自身負責的守護者，但這從希臘所發出的「以人為尺度」的呼聲，恰好是人類自我智能發軔的文明起點：希臘文明如此，埃及文明如此，中華文明亦復如此。

然而，在印度文明的佛陀及其弟子則保持對「自我心智」的不信任。他們一直抗拒「心智自我」所形成的實在，並以堅決的態度將之視為虛幻以及痛苦的根源。也許這個態度來得太決斷，缺乏中間的過程，使得這個論斷遭受俗世的忽視與詆毀；而人類不斷透過「自我心智」的俗世經營，已經能夠將廣袤意識的必要性加以遮斷——生命可以用各種醫藥科技加以維護，死亡被隱藏在看不見的蔽處。人類的目光已經脫離宗教聖者所凝視的遙遠星光，即使他們勉力經營著宗教業，也只是謹守著一種眼前可見的興趣（即使像「愛」或「慈悲」這些「道說」）所做的自我觀照，對於何謂「解脫」則甚為迷惑。

鋪陳這段人心發展的背景，其實也在於試圖讀懂修行人何以能夠認識到修行的必要，而且是一般常人無法理解的。一行禪師（Thich Nhat Hanh）是落髮的修行人，在他的修行觀裡，那個廣袤的視域獲得相當具有詩意的比喻：例如，他教導人們如何從雲、雨與河的形相轉換的觀照裡，發現本質不變的存在。他更透過這本質不變的論述，說明「存在與不存在」的對立問題本身不是問題，真正的問題在於我們不識「實相」。他所指的「實相」當然是廣袤意識的終極實相，而非自我心智所勾連的世間實相。

深觀，讓生命「顯露本身」

畢竟，一般人[1]識不識終極實相，在俗世的有限生活裡終究無關乎生命之緊要，可以漠然待之。可是，當一般人面臨死亡自身、個體的毀敗和生命的消亡；突然之間，所有當初人們願意以自我興趣為底線的生活基礎就此崩頹，在臨終所見實相就接近佛家所謂的「無常」。一行禪師對「無常」與「無我」的立足點全都移到廣袤意識底下，他明白地反對俗世所喟嘆的「無常」，認為那概念式的「無常」或「無我」，往往只是一種心智守常的偽稱，而非廣袤意識的「永常」。

宗教修行的理解，首在於建立一套全然他類（the wholly other）的「觀照系統」，而觀照系統又需以「事物如何顯現其自身」為起點；也就是說，追問生命如何顯露（或示現）、生命的來龍去脈當為如何，關係到整個宗教觀照系統的形成。一行禪師繼承佛家的基本假設，認為如何能讓生命「顯露本身」，才是觀看生命真實與否的關鍵，如何決定何者為生命實相，才是關鍵之所在。

首先，一行禪師根據佛法，指明各種生命體的真實感覺，或者任何事件的出現與不出現，都與「示現的因緣條件」是否具足有關。如果因緣條件具足，那麼事物就顯露或示現；然而，因緣具足的條件不是來自某個單一層次，而是多層次的。例如，一棵樹可以從種樹的人（近緣）到樹木的成長條件（土壤、地形、水分等），乃至於所有大自然宇宙的參與（地球生命的形成條件），這種森羅萬象的相互因緣結合成世界萬物各種生滅的網結，而不僅僅是用淺短的「人的尺度」（人文智慧）來衡量。

不是「有常」、「有我」，亦非「無常」、「無我」

一行禪師準確地處理了生命「示現」的基本問題，又繼續進一步處理他的「處理」。他將生命的「事實性示現」視為存在的遮蔽，亦即，「事實性的示現」在本質上是「無常」、「無我」，而我們卻將之視為「有常」、「有我」，亦即意味著我們對事實性的觀看只是對

1　「一般人」指的是海德格所謂的「常人」，亦即投身於世間即沉淪其間，對世間滋味充滿「活著的感覺」，對死亡感到懼怖。修行人則反是，對世間的沉淪性產生覺察，並持續這覺察，使自己對死亡完全能夠悅然接受，不引以為苦痛。

存有的遮蔽，雖然「事實性的生滅」破壞我們錯誤的觀看（有常、有我），此生命之生滅亦不是無常，反而是有個恆常的存在，這存在於我們的宇宙，只是我們不能認識罷了。因此，有常、有我雖屬錯誤觀看，無常、無我亦屬錯誤觀看，因之，一行禪師直接跳到宇宙意識的基礎地，去談「宇宙本體的觀照」。

以宇宙的本體不滅為基礎，一行禪師使用了雨、雲與河等相變而本體不變的明喻來昭示這種「無蔽」。然而，一行禪師必須陷入「無蔽」無法以言語道出的窘境——因為所有的「無蔽」都無法「普遍地顯現」，所有的顯現都必須依靠具體的實事與其相應的顯現方式來展現，並不存在著「普遍地顯現」[2]；如果宗教者要從「無蔽」來表明其內容，立即碰到「實有空相」的情況，不但產生「虛空」的無可描繪，其實也是所有宗教的語言盡頭。因此，一行禪師面臨的問題不在於實相的隱蔽（一般人的自蔽），反而是實相的「空」而無法顯現。

深觀，發現萬事萬物之間互相締結

於是，一行禪師的方式是採取相反的動作，將實相的「空」以「有蔽」的實例來顯露，不是以「空」說「空」（如日本京都學派），而是以珍愛的心情為自我做多重宇宙空間的擴展，這與傳統教門對身體、自我的鄙棄、拋棄（苦行）剛好反其道而行。避開空泛的說教是對的，因為傳統教門能夠使用的顯露方式相當有限，恐怕只有直落實相的癌末病人才稍能體會。一行禪師將現象自我透過本質的把握，將祖先與後代的因與果集中到現象自我：「我即祖先與後代」，將自我展露為「宇宙長河式的綜觀」，讓人們了解因陀羅網的奧祕。

活著的因陀羅網是進入深觀，透過深觀的訣竅發現萬物萬事之間相互締結，其默想是以「觸摸大地，我與眼前這一刻世上的眾生相連」。進入廣袤意識，亦即進入眾生相互締結的網絡，我是更寬廣的存有，因之我不是眼前的現象的色身。但是由於每個實事的存在，都在某一定的境域來決定其顯現的方式，所以實事的存在往往會被鎖在某個較窄的框視裡。一行禪師因此必須將窄化的意識框視放小腳，他的深觀也就充滿了非觀念的邏輯——我既是A也是非A，我既是生也是死，亦即原本被視為「二律背反」的邏輯都加以違犯，這個我既是「生活在貧病交加國度裡的小孩」也是「製造炸彈售給那貧困國家的軍火商」，既是「池塘的青蛙」、也是「靠青蛙為生的蛇」，我既是祖先也是子孫。

如何透過修行解除死亡焦慮？

如果這樣的觀照系統沒有問題，一行禪師還是得面對實際修行的問題，那就是：這樣

2　見克勞斯・黑爾德（Klaus Held）《世界現象學》第52頁。

的觀照如何在具體經驗獲得飽滿？這套觀照會不會流於空疏？這套觀照會不會只是想像的訓練，以致在實際生活無法超越？

觀照系統的產生猶如建造警鐘，用以喚醒表淺的沉淪狀態，但是我們需要有契入（Kairos）的第一開端；而就生死來說，那就是海德格所謂的「畏」，「畏」並非指個人的情緒，而是心智自我對自己死亡的不確定產生的氛圍，這氛圍來自心智自我的不再被自己信任，對自己在世的依賴失去安心的依靠。對死亡的畏懼使我們不斷以遮蔽的方式逃離「畏」的氛圍，使得「畏」本身無法變成生命的基本情調。

一行禪師顯然對這條近路不感興趣，相反地，他認為對死亡的畏懼或焦慮可以透過深觀加以解除，將廣袤意識裡的指引關係明晰地了覺，追索那被隱蔽的實相。我不得不承認，這是極端困難的工作，個體的興趣如同不死的火焰，任何清明的覺照都可能只是暫時的。更糟地，很可能流於「解釋」而非活著的生命意識，無法使深觀成就契入之眼。其間的中間過程需要有讓個體自我封存的興趣出現裂口，使得我們的自我意識本身獲得敞開的機會，接觸開放的視域；這又涉及「漸露」的修行技術，亦即我們如何透過修行，將自我片面封存的世界扒開細縫，讓我們在一瞥之間看見開放境域。我想，這可能是一行禪師未來的努力。

（本文是為橡樹林文化出版之《你可以不怕死》所寫的推薦序）

輯二

靈知＼身心轉化

《靈知・天使・夢境》

Omens of Millennium: The Gnosis of Angels, Dreams, and Resurrection

作者：哈洛・卜倫（Harold Bloom）

譯者：高志仁

出版社：立緒文化（二〇〇〇）

靈魂深心：我的靈知思維

我把靈與魂放回人身，而不尋求外物世界的接引，乃因人在生存之中的諸多苦痛，都指向精神世界的實存問題；我深切地體會到精神世界的存在，絕非虛幻的在人的幻想之中，反而深而廣的遍佈在生活裡。靈魂的現身，若以「物」的他者出現，那麼靈魂就失去我們自身的存在，我的觀點在於人的靈魂在於存在自身，而不在那被語言拋擲之物。

我對台灣的民間靈知很感興趣，也相信靈知在臨終病人、乩童薩滿與夢之間的詭異關連，但是對西方靈知系統卻一無所知，所以寫這篇文章，只是透過一個心理學家的角度，對靈知系統的詭異心理做一些詮釋的工作。

靈知體系是在「官能與智識世界之間體驗到的居中領域」，也就是在人的實證經驗與知識之間的一種想像領域，是由宗教與藝術統領的世界。雖然在西方宗教，靈知以一個教派的方式屢起屢滅，但在宗教與藝術的領域不但沒有斷絕，而且在心理學的領域中，榮格（C.G.Jung）以異軍突起的姿態，昭示世人一種新的心理學傳統。這個心理學與科學心理學最大的差異即在：榮格承認靈知領域是心理的最重要的方面，而科學心理學則完全加以否認。

我注意到靈知領域在心理學的重要，主要來自我對台灣乩童與尪姨的現象研究。乩童尪姨可說是亞洲地區南方的傳統，他們相信靈界的存在。靈界是非物質的世界，相信靈界與肉身可以結為一體，同時也渴求靈肉一體。

這並非只有粗俗的宗教才這樣信仰，即使是現代的重要思想家、文學家都相信屬靈的自我，諸如黑格爾、歌德、海德格、湯恩比，作家布列克、康拉德，他們的靈知態度很清楚：對俗世極端不滿，認為這世界的病根乃是根源於其構成的方式，而改善之道並非沒有，是必須從歷史的源頭找起，就是在智識與感官之間找到一種連結體，在心理學來說，就是真實的我。這就是藝術家、詩人不斷追尋的東西，其立場與傳統靈魂學共同之處是：「在看不見之處看見」；甚至應該說，連「在看不見之處看見」的意義都有絕對的差異；傳統靈魂學把

「看見」當作肉體的看見，使靈魂被放置在「物」的實在世界裡，我認為這是根本的誤謬。靈魂的現身，若以「物」的他者出現，那麼靈魂就失去我們自身的存在，我的觀點在於人的靈魂在於存在自身，而不在那被語言拋擲之物；靈魂是體驗，不能被推到外邊被看到；至於被祭的靈魂則是另外的領域。

靈是人在非人格的生存狀態

一、直接在肉體的生活指認靈魂

如果人格是落境的身體，所有的人身必定以某種墜入的方式入世，入世是以憂心、操煩的事相與人身的存有合一顯現，亦即是重返入世後的遺忘；此時人身在文化裡塑身，而有所謂的「人格」。人對靈魂的指認就需要以此人格之身為起點，去意識到人在文化塑身的墜落必須有所折返，尋出人格之外的肉體生活。我把靈與魂放回人身，而不尋求外物世界的接引，乃因人在生存之中的諸多苦痛，都指向精神世界的實存問題；我深切地體會到精神世界的存在，絕非虛幻的在人的幻想之中，反而深而廣的遍佈在生活裡。要達到這樣的認識，最關鍵之處乃在於體會人的生存是以「在事情之中」存在著，但事情並不是生存的底限，它只是海德格所謂的「世界」——由語言、關係與生活實踐構成，而人的生存是由世界給出的圖像，方才有人的位格現身。

二、跌落在事情的裂隙之中，靈第一次被指出

第一步是事情的裂隙使我們的人格分裂。人格是在生活的順易之中被豢養，亦即人在世界之中。然而，在世界給出之前，非人格性的存在才是有關靈魂的問題。所謂「在世界給出之前」是只在事情破裂之處，亦即人的生存不再受事情的托襯，人掉落在另一種生存的狀態，那是一種無事的生存；對依賴事情而生存者來說，無事是進不了事情的糟糕狀態，無名的存在，摸不著存在邊際的狀態，不見光的暗處，人發現他無法被世界保護，無法讓自己置身於事情之中，存在的焦慮、恐慌、害怕。

三、靈的釋出反應：在無邊失我的存在之中焦慮、害怕、哭泣

我的身體在世間豢養，我的器官不是靈魂的居所，而是生養之地。我們總是透過生養慢慢長出一種氛圍，在祖母的餅乾與茶水之間（普魯斯特），在馬車壓過路中凹處的顛簸，然後我才意會到存在：一種晚上向母親說晚安的入眠，一種依靠。我願意繼續活下去，並且願意在艱難的生活裡幹活，並不是我的飢餓逼我，而是那種在世依靠的氣息。我在各種根本的處境裡失去了原本的依靠，我得不到世上的撫慰。原本我以為生活所依靠的自己居然身不由己的掉落到無法憑依的地步。打從我出娘胎，我總是依仗著世間的一切，如今我的失我，靈的釋出正好讓我在存在之中，卻無可依靠的狀態。

四、事情的縫合與靈的復歸隱處

當事情過去之後，我們逐漸安歇。我們曾經因為哭泣而使得靈在世上現身，也因為事情的淡去而使靈安歇。但是靈從來未曾真正安歇，因為靈附在我們的生命記憶裡頭，所有我們曾在的事物都是可能的觸媒，引動著靈的不安。為什麼深淵會那麼深？因為有個難以探測的遙遠路途等著人去跋涉，我們迷失在現實的近處，可是事情卻如此不可依靠，總在破碎當中。

五、跌落深淵之後，靈的重新落實

從雲端落下，我們從現實的破碎醒來，發現一種新的自我的基礎，那就是從來沒有被自己發現的靈魂，我的真心，我那念茲在茲的本心。當我們從破碎的恐慌恢復過來，我們才知道有一片廣闊無邊的依靠，那裡事情的碎片猶如過眼雲煙，自己則立於大地，望著萬般的煙雲。

六、安靈：非人格的生存狀態的安身

我如何來到此樣地步？我立足廣闊的大地，眼望的是湛藍的天空，地底湧上慈光，我不再費力在事情的渺茫裡追逐，而是在慈母的懷抱。我不再是我，我是我們，我與世界的祕密締結，織成牢不可破的聯盟，我不再孤單，因為我就是你，在靈魂的呼喚聲裡，我們同眠、共生死。

魂是不在世的思鄉

特拉克爾（Georg Trakl）的〈靈魂之春〉說：「靈魂，大地上的異鄉者」。「異鄉」的意思是：往別處去，在某地的途中，與土生土長的東西背道而馳；他並不是毫無目的的漫遊，他在尋找一個安居所，因為靈魂遭遇某種與之扞格不入的東西，他在大地找不到安居之所——他在安寧和沉默中落下，落入黑暗；在那兒，充滿精靈，藍光朦朧，籠罩在莽莽叢林上，綠色的夏天是如此輕柔，異鄉人的足音響徹銀色夜空。「在森林的邊緣，有一隻黑暗的獸悄無聲息地出現，晚風在山丘上款款佇息；山鳥的悲秋歸於沉寂，溫柔的秋笛，也在葦管中沉默，月般的聲音在精靈之夜迴響。」人進入了「世界遊戲」，天、地、神、人四重整體構成世界的觀照，對終有一死者而言，他墜落深淵乃在於他發現自己尚未有棲身之地，而這個事實被人以事情存在的方式遮蔽起來，深痛被隱藏在活著的事實，活著的事實終將是虛幻，靈魂才能被體認於「世界遊戲」——天、地、神、人共處。

一、沒有世界的生存（Existent without a world）

靈魂在無力無助之間，在寂靜之中喃喃自語，黑暗是靈魂還原之處，在此，假如我決心完全自足，對自我圓滿，由我自己的本來面貌作出決定，從自身給出意義，那麼我可以在某種程度上脫離社會性，有個稍微遠的距離，那麼我就不再仰仗事情的來來去去所給出的我，不再被事情的開端決定我的後果，那麼我的存在就有了宗教與藝術。

「良寬和尚坐在草庵究竟做何事？為何他聽得下水聲、風聲、蟲鳴與其他大地天籟之聲呢？」日本良寬和尚的不假外求，乃在於對事情的斷念，如藝術作品的自我呈現，每一分鐘的存在都以自身為回歸，不聯絡到外邊的事務。

對俗事有情趣的人來說，欣賞蒙娜麗莎的微笑並不是來自她的微笑，而是來自被哄抬的樂趣，廣告人士把蒙娜麗莎變成各種造型，於是蒙娜麗莎的微笑不是以藝術的方式展現，而是將她關連到事情的樂趣，不再回歸到她栩栩如生的藝術自身。良寬和尚斷絕所有這樣的外在聯繫，回到他自身的栩栩如生。在自足的栩栩如生，他擁有一個不斷自身的時空，對觀看他的人來說，是對立的位置，一個不在塵緣的位置，而良寬的佛卻是黃昏靜悄悄的佛室，所謂清靜之地，何來惹事生非。

二、漫遊於四大：基本存在的樣態

天、地、神、人都不是現在的你我，而是浩瀚的宇宙。因為我禁錮在一個有形體、有名字的自我，所以「我」無法領略四大的存在樣態。我必須背立於我，才有機會與四大同在。我必須背叛我的心志，讓所有的侮辱加諸於我，讓所有的敗亡讓我嘗過，才知道轉立。並不是我去學習謙虛，而是我必須從泥沼裡探頭，才知道宇宙。我必須領略慈光的無恩於我，才能沐浴於慈光。我讓自己落身於無處，才能知道大地。

三、思鄉的生命感：無邊的召喚一個生命的處所

當人不想再零零碎碎的過日子，也厭倦於對萬丈紅塵的苦苦適應，他祈求龐沛的力量，將生命從根部滋潤：

接納我吧，我主，就在此刻接納我吧。
讓那些沒有你而度過的孤兒般的日子被遺忘掉。
就只有這片刻的時間伸展過你的膝頭，
在你的光下握住它。

——泰戈爾

詩人泰戈爾的「我主」就是人在根部接受滋潤的泉源，祂不必是宗教的上帝，不必是神佛，而是人要為自己尋求精神的領域——既簡約樸實又廣闊無邊。

更深刻的宗教感

然而，在宗教心理學的知識論裡，我們有更深切的理由。人活著並不是孤單的心情，而是與多層次的東西活在一起；我們開物成務，把物質的物

件援引成事物，成為人間的情事，造就了人活著所賴的事務，這是第一層轉換。

我們與他人活在一起，並不是單純的肉身的見面，而是用一種符誌把關係牽連起來：我認你為夫為妻，並不是因為我們有性關係，而是我們以某種符誌把夫妻的關係托顯出來；或許我們曾經有過婚姻的儀式，而儀式正是符誌自身；甚至我們沒有婚姻儀式，而只是對彼此有了某種「非得如此」的對待，我們對彼此有期待，正好是我們之間以某種隱喻的方式把彼此關連起來。這種符誌正是人活著所依賴的第二層轉換，我們以象徵完成活著的意味。象徵並不是自身的意義，就如同一份結婚證書不是夫妻所有的意義，但是它卻指向夫妻的關係。

至此，我們其實已經逐漸走入精神領域：象徵之物雖然可以被看見，但是我們卻可以從可見之物朝著不可見之處看過去，我們看到了原本不曾現身的東西，這種看不見卻和物質一樣堅實的實體，正是我們所謂的「精神世界」。

然而，精神世界卻不是在虛空裡探求，它依舊以物質為攀附而生。雖說精神攀附物質卻不曾脫離它自身的主體性——一種活著的感覺。

我們不是在精神與物質之間尋求差異，也不是在精神與物質之間做區別，相反的，我們仿造「開物成務」的進程，當事物變成事務的時候，事務就向我們開顯一個世界，我們就有了另一個層次的活著——那不再是事物向我們顯現什麼東西，而是我們在「成務」的世界裡知道了什麼東西，知道我們要「務」什麼。

整個過程的關鍵就在「知道」。這是貌似簡單卻是最複雜的過程，許多學者在這個關鍵之處輕輕放過，以致錯失了發展新方向的機會。德國哲學家海德格卻用他畢生的精力發展這個關鍵。

他首先揭櫫存有的主體就在這樣的明白，因此存有是詮釋的存有，是在世間裡有了明白。明白的來源來自人在開物成務的世界，而不是個人的智能。世界向我們顯示某種意味，個別的存在者只能說是背負著世界的理解者，並非理解自身的來源。

那麼有靈魂的心理學如何而來？這是海德格的重要轉折。海德格在談到人的時候一定使用「必死之人」，亦即他把人在世間的處境放在宗教的「出生入死」的根本處境來看；這並不是因為海德格虔信宗教，而是他必須把人的存有放在生死場來看待，方才有其根本性。同時我們也不可以陷入簡單的「厭世」觀，以為海德格要把我們轉向厭世的哲學，相反的，他對人的離開世間有新的啟示：既然人一出生就朝向死亡，那麼活著就是在死亡的路途上，人在活著的時候就是與死亡共存的時刻，只是生在陽面，死在暗處，兩者共同組構著「現世」。

（本文是為立緒文化出版之《靈知・天使・夢境》所寫的推薦序）

阿保美代心靈漫畫（1-9冊）
作者：阿保美代
譯者：鍾曉云等
出版社：張老師文化（一九九九）

心中的精靈

在我們的世界裡有許多「物」，如果這些「物」都能夠用我們關照的心靈去道情，我們就不會有乾枯的心靈。

以「自然」的物來道出內心的情懷是我們用比較豐富的心情來經營自己，而不是把人與自然隔開，或者僅僅把自然當做役使的對象。「以物道情」絕非把自己陷在神怪小說的魔力裡，而是在活生生的世界裡。

有個深夜，我坐在窗前讀著阿保美代的漫畫書。窗外是星空，拉著好長好長的夜幕，案前一杯咖啡。拿起咖啡杯，看著阿保美代的那篇〈小小的杯子〉：

杯子破了。

以往，當小小的杯子冒起蒸氣時，

那溫柔白嫩的小手就會將它輕輕捧起。

當那水蜜桃似的櫻唇啜在杯緣時，

令人有股說不上的感覺。

可是，杯子破了，

那孩子比誰都難過。

小杯子的小精靈離開了，

在月色皎白的尤佳利樹葉間，

小杯子精靈冉冉地浮起來。

「去吧，到自己喜歡的地方，」孩子睡眼矇矓地說：

「是不是有個叫做天堂的地方？」

孩子轉個身入睡。

記得曾經把杯子摔破的時候，心裡好懊惱。動手拾起杯子的碎片，一股腦兒把它們丟進垃圾桶內，心中依然浮起杯子最美的情態，不自覺怔忡地想著杯子。

杯子的精靈微笑地到一個叫天國的地方嗎？

精靈是淚光中的伴侶

在盆景店看著師父用鐵線圈住小榕樹的枝葉。聽師父說，養樹最重要的是不要縱容，小樹才會順著人的希望成長。小榕樹被擺在木架上，師父用小水漏子在葉根上灑幾絲水，樹葉輕輕地晃動著。小樹掙扎著要成長的心情被鐵線綁住了。小榕樹的生命只能像夜裡的精靈哭泣，因為長不大了。

眼淚是孩子的世界，在淚光裡，精靈是唯一的伴侶。在阿保美代的〈星光夜語〉，小小的安東老是嘟嚷著要到夜裡散步，因為在安東的晚禱詞裡，有個小精靈進入夢裡。

小安東問，精靈是什麼？精靈是「一切所有」：

「我是一切萬物：我是明月，我是夜之樹，我是吹過樹間的夜風；我是花草、樹木，風、水、空氣以及被露珠浸濕的大地，我是海底的一顆小青石，發出寒光。」

當小安東的母親到床前親小安東的額頭，道聲晚安，小安東望著母親離房的背影，淚珠兒掉下來：「才不要妳的晚安，」小安東想著：「大人不了解小孩子心裡想的事。」門外，小安東的父母憂心地說話：「這孩子最近好像著魔似的，常嚷著夜裡要去散步。」

小安東睡著，他對自己說：「明天我要和小精靈一起去玩。」

小精靈不是神，是自然的寶貝，是花，是草，是一切。

天使在花草間休息

在阿保美代的〈美的聲音〉裡，矮冬瓜的阿英和阿明到晴空萬里的山坡寫生。阿明摘花，阿英叫住：「不要摘紫丁香。」因為「那處被折斷的地方，好像流血了。」紫丁香裡有精靈。

阿英很難過，嘀咕著對阿明說：「跟你一起散步很快樂，可是有時卻受不了你。」話說著，阿明又要摘小草。阿英又叫住了他，不行。

「葉子和草是天使休息的地方。早上，葉子因為有露水而垂頭；露水是天使坐的地方。不只是葉子，到處都有天使。」

阿明抗議：「我看不到天使，我不相信妳的話。」

阿英喪氣地說：「你這麼說，天使會傷心的。」

阿明依舊不信：「阿英，妳為什麼要替那些看不見的人操心。妳是個無中生有、胡說八道的人。」

生氣的阿英把畫本兒丟到阿明的臉上，哭著跑開了。

阿明一個人坐在山坡上，風吹著，輕輕的樂聲從樹葉隙縫傳過來。

阿明怔住了：「我真的只相信看得見的東西。」小精靈正在葉上吹著銀箏。

阿英的世界是自然的世界。只有小精靈才住在自然裡。我們要跟自然對談，就是跟樹說話。很傻嗎？很虛幻嗎？

自然有靈人生豐盈

如果小精靈是在格林童話裡，我們會說那只是想像，如果我們把小精靈引到生活故事裡，小精靈是我們的心，就像爺爺的〈蘋果樹〉。

也許，對缺乏與自然溝通的人來說，爺爺與蘋果樹只是個虛幻的故事，說好聽一點，是我們內心的寓言故事。可是，我已經很難這麼想了。我曾經觀察人們吃飯、郊遊、工作，人總是在活動裡頭製造情趣，像喜歡一道菜餚是因為「有媽媽的味道」；但也有人乾乾澀澀地生活著。乾澀的心靈是把自然當做「物」，只是當做「利用厚生」的工具。看到樹林，只問樹上長什麼果子，能不能吃；看到畫，只問價錢，很少想到「自然也可以道情」。

以「自然」的物來道出內心的情懷是我們用比較豐富的心情來經營自己，而不是把人與自然隔開，或者僅僅把自然當做役使的對象。但是，這種「以物道情」絕非把自己陷在神怪小說的魔力裡，而是在活生生的世界裡。

一個女孩絕不送傘給男友，就是為了那份「但願情長久」的心情：

下雨的天，你送我到家門口。
你沒有傘。
外邊的雨好大，你又得趕著走。
但是，我絕不能借你傘。
有個字，教我心裡害怕，
寧可看你抱著頭，在雨中跑開。
你冒雨的身影，縱然教我心疼，
反而有一份心安！

一個女孩怕與男友「散了」，這是一份要好好對待的心靈，縱然知道這只是象徵的意義，但寧可就這般地守著，好有個安心。當男友知道女孩的心意，縱是淋得全身，也會記掛著這份心意的甜。男孩子送一打髮結給女友，就是為了維護那份「願生生世世結髮為夫妻」的心意。

與物相依走出活路

「以物道情」是讓我們的心情走出活路。阿保美代運用了天使來紓解我們的痛。

波波有一隻心愛的黑貓，咪咪。咪咪被野狗咬死了，波波的爸爸帶著不知情的波波望著星空。

「波波，你知道星星為什麼會發光嗎？」

「為什麼？」

「因為天使正拿著蠟燭，為迷路的小貓尋找回家的路。」

波波望著滿天繁星，疑惑地問：

「有那麼多迷路的小貓嗎？」

「嗯，世上有許多迷路的小貓。」

波波高興地說：

「那麼我的咪咪就會很快找到了。我一直為牠禱告。」

「是啊……」父親遲疑了一下，說：「可是，如果小貓太可愛的話，有時天使會把牠帶走。」

波波的臉暗了下來，淚水在眼眶裡打轉。

「那天使是不是把我的咪咪也帶走了？」

波波大叫：「不要！不要！」

夜裡，波波夢見咪咪和拿著蠟燭的天使，在星空裡飛來飛去鬧著玩兒。

奇怪的是，天使的臉長得和波波一模一樣。

在童年，我們都曾眷戀過布娃娃或者破氈子。多少時日，我們就是與布娃娃、舊被子相依入睡；在我們生命的歷史裡，這份最原初的安全感，原本就是如此的神祕，阿保美代發明了一隻專門吃惡夢的小動物「圓圓」。可是「圓圓」很內疚，因為它發現自己為了吃惡夢而盼著小孩做惡夢。哭泣的「圓圓」不想工作了。

月亮安慰它，終於又讓「圓圓」回去工作。

望著圓圓走了的身影，月亮心想：「圓圓並不知道，它本身就是一個迷人的小美夢。」

從「物」的觀點來說，圓圓就是布娃娃或者破氈子，依偎在布娃娃的心情被小孩子融攝著，一方面是內心暖爐。另一方面是開放到一個為自己安置的精神世界。

在比較低一層的「物情」就是對物的所有權。「這是我的」是一種財產的觀念，是簡單的佔有。

精神層次的發展當然是依據這個基礎概念出發的。當我們很清楚地認定「此物是我的」，他才能夠開始發展「饋贈」的概念。

分享物不如轉讓情

饋贈是一個人開始對他的所有權進行「重新審視」（revision）的理解。

在我們的生活裡，我們會教小孩子分享，但是並沒有讓孩子把「物」做有「情」的轉讓。下面一個父親與孩子的對話，很明確地把孩子的「物」用「情」加以轉化：

「小丙，你要到小薇家，要不要送禮物？」父親問。

「好啊，可是我不知道要送什麼？我的布娃娃好可愛，我的BB戰士也不想送。」小丙迷惑著。

「我買星座拼圖給你，你再送給小薇。」父親建議。

「我也很喜歡拼圖，能不能不送？」

「那是你的東西，你當然可以不送。你喜歡的，小薇會不會喜歡？」

「會。」

「你想不想讓小薇喜歡你送她的東西？」

「喜歡。好吧，我送給她。」

當「物」的主權是由孩子來掌握，然後再由他來送的時候，他的決定是真心的。

寬闊哀憐之心分潤世間

阿保美代在說〈婆婆與狐狸〉的故事時，就把「物情」做了更微妙的表達。

山裡的老婆婆每次經過路邊的神像，都要跪下拜拜，並奉上食物。但她供奉的東西全被一隻狐狸吃掉了。第二天，當婆婆回來時，食物不見了，婆婆總是快樂地說「啊，土地公吃光了」。於是，又放下好吃的飯糰，請神像吃。狐狸很感激，冒著受傷去摘了許多栗子。老婆婆很疼惜受傷的狐狸，為牠療傷，也收下了栗子，留狐狸吃晚飯。隔天，婆婆高興地送走了狐狸。後來婆婆因為兒子的請求，決心搬下山與兒子共住。她包了很好吃的栗子飯糰，供奉給路邊的神像……

透過對神像的敬奉，把婆婆與狐狸之間的情聯結得很親密，使我們感到很喜歡。「物情」把我們內心的虔敬如此具體地送出去，又如此不著痕跡。

蕭麗紅在《千江有水千江月》裡，也把「物情」又提高到一種虔誠如高掛星空的明月：貞觀與外公從魚塭回來，看到阿啟伯正拿著刀子偷摘外公的瓜。外公立刻拉了貞觀，拐出小巷口，走到前街。

貞觀人到了大路上，心下才逐漸明白，外公躲那人（賊，阿啟伯）的心，竟比那摘瓜的人所做的遮遮掩掩更甚。

在外公的心裡，他們那一輩的人是「窮死不做賊，屈死不告狀」，如今阿啟伯違了「窮死不做賊」的心志，外公只有哀矜——家中十口，有菜就沒飯，有飯就沒菜；曬鹽的人靠天吃飯，落雨也跟著浸在苦水裡。

外公的「物情」是如此寬闊餘裕，連他的兒子銀城也懂得維護這份心意。阿啟伯偷瓜的事被後巷的婦人看到了，喜孜孜地來告密，銀城變臉了：「壞瓜多籽，壞人多言語；你們莫聽伊學嘴學舌。」又轉頭對妻子說：「以後妳注意一些，將後門隨時關好，莫給這些婦人進來；她們愛說長短，淨講些有孔無筍的話！」銀城這份維護的心就是「見情」，把一些寬闊哀憐的心胸把住了，怕家人學了那「沒肚量」的婦人。

這正是慈藹的星光照顧的小鎮。

觀照的心靈築成一片天

在阿保美代的〈小鎮人家〉中，星光的流星也可以是人性的：

在星空裡有一個流星，他只是一年級的流星。一個深夜工作的小男孩打開收音機，一邊做作業。一年級的流星要去完成一個小女孩的心願，卻被收音機的電波打下來，使他急得要命。由於磁力不夠，飛不上天空。小男孩幫了忙，把小流星丟到天空。在星空有許多小流星，正幫著許願的人完成心願。

流星是慈藹星空的精靈。

在我們的世界裡有許多「物」，如果這些「物」都能夠用我們關照的心靈去道情，我們就不會有乾枯的心靈：望著星光，我們有精靈的天使；倘佯森林流水，我們有山神；望著雨絲，我們有晶瑩的小雨滴快樂地跑來跑去。

精靈原本在人間，我們之間以小精靈的心築成一片天。

（本文是為張老師文化出版之「阿保美代心靈漫畫」所寫的導讀）

《這一生為何而來：靈界導師的十門課》

The Instruction: Living the Life Your Soul Intended

作者：安士利．麥克勞（Ainslie MacLeod）

譯者：黃貝玲

出版社：李茲文化（二〇一〇）

冥視裡的呵護

冥視的發展來自我們的虛擬能力，但虛擬並不代表虛假不實，相反的，許多人的生命是依賴「虛擬的真實」才活得下來。

我近年來一直在探索「冥視空間」，這是指人的意識邊緣有一種恍惚、模糊的狀態，但有種真實感。我還沒能抵達「靈魂」這個肯定論述，所以，我是用我的冥視空間的觀點來讀這本書。

就我所知，冥視的發展來自我們的虛擬能力，但虛擬並不代表虛假不實，相反的，許多人的生命是依賴「虛擬的真實」才活得下來。虛擬不是想像，而是當人耗盡他的現實，也無法解除一生的桎梏，抹除他生命的苦難，虛擬的真實卻可以幫他取得看不見的補助線，反過來解決他在現實裡的束縛。

我研究一些宗教靈修者或台灣乩童，他們與他們的虛擬真實活得相當和諧，使我相信把自己虛擬到宇宙中心，讓眾靈照顧的生活氛圍，並非是自我感覺良好的迷信，而是上蒼賜給人類的深度力量。

作為宗教研究者，我一直警惕自己，不要被學術理性所縛，但我也不喜歡粗糙的靈魂論述，如果我們內心的虔誠、心胸的慈悲能使我們在冥視空間感受天使，那麼我們可以得到祝福。

記得讀文學名家哈洛．卜倫（Harold Bloom）在他得憂鬱症時，發現了靈知傳統，也發現他的憂鬱根源，他的一句話，至今我還記得很清楚：「天使永不消失」，他的意思，只要人類望盡現實，抬眼現實之外，一定會出現人的心思裡的天使。

（本文是為李茲文化出版之《這一生為何而來》所寫的推薦序）

《細胞記憶：揭開前世今生超連結・業障病・細胞靈魂印記的驚人祕密》

Past Lives, Future Healing: A Psychic Reveals the Secrets of Good Health and Great Relationships

作者：蘇菲亞・布朗、琳賽・哈理遜（Sylvia Browne & Lindsay Harrison）

譯者：黃漢耀

出版社：人本自然（二〇〇四）

何以靈療？一個另類的角度

精神分析與靈媒的治療理論大抵雷同，兩者都主張我們內心的某種存在體（如記憶、傷害）遺失在某些地方，精神分析是指「潛意識」，靈媒們則指向「前世」，無論潛意識或前世，我們的某些關鍵的東西都被隱藏在「看不見的地方」，因之我們莫名地受苦；精神分析與靈媒的講法也是相同：只要能夠讓那隱藏的東西顯露出來，重見光明，並由我們加以把握，將之理解，則我們莫名的痛苦可以因此消除。

我的老友黃漢耀先生，自從翻譯了有關前世催眠治療的相關書籍之後，就迷上了「前世療法」，他自己也曾經接受此療法的訓練，一路十餘年下來，樂此不疲。我雖然也參與過一些「前世療法」書籍的規劃與出版，但心中始終無法自我說服。不過，長年在生死學領域做研究，對臨終病人的身心靈作推敲，以及與一些靈媒師姊做朋友之後，慢慢的，我的眼界也開了一些「靈魂的視野」。

讀這本書的時候，我記起自己一些靈媒朋友的話：「靈魂絕對是真的，不是信不信的問題。」根據她們的經驗，玄冥意識絕對存在，但是它的存在樣態如何，卻是眾說紛紜。

向來宗教化的學者主張「人類自古以來即有玄冥意識」，這個主張很少受到挑戰，尤其十九世紀以來，部落宗教的玄冥意識在人類學者的報導之下，幾乎找不到駁斥之處，問題在於現代人對玄冥意識的懷疑，當如何說明。

這也是最困擾我的地方。當靈本身變成被說明之物時，人必須將靈對象化，將之視為一個個體，以供我們的心智去捕捉、去抓取。然而，人的心智是非常有限的地盤，甚至近代人類的心智不斷排拒玄冥意識，使得原本在心智邊緣的玄冥意識被驅逐得更遠，亦即，心智無法瞭解玄冥意識，無法認識靈。

如果心智驅逐靈，則應當無法給靈命名。但是靈媒的附靈卻經常被付予名字。給出名字，以名字為其意涵，卻可能會出錯。

因為名字的給定是經過人類心智的作用，心智利用符號來定性不可見之物，原本就是心智透過符號的意義，試圖對靈進行抓取。經過抓取之後的靈不再是原生的靈體，而是被心智理解的「靈」。此「靈」已經被人類框架起來，是屬於有限的「靈」。

以本書作者的指導靈法藍欣來說，可能其無形的靈體千變萬化，甚至只是「一種感應」的飄渺，但是進入蘇菲亞的心智後，卻被定性為十五世紀的印地安黑髮女孩，這是靈媒為了落實與靈溝通，所採用的有限論述。

我接觸的台灣靈媒，雖然他們在附體的時候會顯露出特定的附身，但是還是保留了「無限元靈」的概念。他們讓「無限元靈」保持匿名，也保持模糊，無法具體操作。

另一個問題是「人是以何等官能認識靈？」長久以來，宗教界大抵已經確定，心智之知識無法認識靈體，也由於有意識的心智大部分由語言及思考所構成，所以想透過語言或思考而認識靈體為不可能之事。蘇菲亞採用催眠，試圖以影像作為認識靈體的仲介。

根據法國精神分析學家拉岡（J. Lacan）的理論，以想像領域作為靈體活動的交界是可以被接受的，多少精神分析領域的專家也多以催眠的想像領域來發現「他界」。若然，「他界」必然富有奇妙幻境的象徵意涵，然而靈媒與精神分析學家就在這裡有共同點，也有分歧點：共同之處在於他們都把這個領域視為身心靈受苦的場所；如果人們無法以認識的方式體認到自己的病灶，那麼在想像領域可能可以找到病因。但是靈媒與精神分析家的病理觀大異其趣，靈媒談的是累世歷劫的因果病理，精神分析家則是以潛意識的情結為病理。兩者都缺乏有力的證據來確認其理論，但都有很好的理由堅持他們的觀點。

但是問題在於：「靈體」若進入想像領域，其本身必然棄絕語言，而以某種存在的方式現身。德國哲學家海德格認為那是「詩意地棲居之處」，法國現象學家巴舍拉（G. Bachelard）也認為那裡有著「奧祕的詩意空間[1]」，而這想像領域之所以富有詩意，乃是它自身「無物存有」，缺乏任何實質的東西，它只能是個「底蘊」，亦即，它是個蘊生事物的場域，它只生成化育，但不持存、固化，因此，一離此界，便是「無物存有」。

以宗教經驗的研究來說，進入奧祕的詩意空間被歸納為「奧祕知覺」（mystical perceptual，MP），與「感性知覺」（sense perceptual，SP），兩者有所區隔，前者的特徵是解脫式的空境，後者則是以感受來察覺「靈體」的存在。

因此，蘇菲亞的「與靈體溝通」必然是後者SP的形式，他的指導靈或守護靈是在感性意念的層面快速理解，就好像我在夢中立即與人溝通，卻不見出聲。

據此，我們對靈體的「實存」保持存而不論的態度，因此我們姑且可以將靈體稱作X，以表示那是某種未能知道的存在狀態，而由於許多「顯現」（appearing，如附靈現象、通天語、自動書寫、自動說話等等）都被歸於X的顯現。我們基本上對於「顯現」是否可以歸諸於X，應當加以存疑，「顯現」與X之間的關係沒有必然性。

上述的問題又涉及「顯現」理論，也就是說，何以催眠會使「顯現」為如此這般？例如，被蘇菲亞催眠的病人何以能夠「知道」他在某個前世的幾歲、什麼年代被砍頭？這不可能是純粹的影像（如斷頭臺上的場景）所能告知的，而必須仰賴生平記憶（biographic memory），但是被催眠給出的景象有多少是逸出生平記憶所及的。一般通靈人為何總是將這些「顯現」歸諸於「前世記憶」？蘇菲亞的理論是「細胞記憶」，這是透過生物現象，試圖提供一個說明。

我們不必評斷這解釋的真假，至少我認為檢驗不一定能解決理論的問題。在我看來，「前世因果」理論的出現與民間流傳的靈知系統有關。民間的靈知系統是人類相當強而有力的「有感覺的知識」，裡頭涉及有關人類靈魂的一切層面的東西，包括內心深層的感受、靈體的象徵層面、想像層面，乃至社會層面。而這套不知不覺形成的靈知系統會成為一種類型的語言遊戲，有效地將「顯現」ψ視為X＝靈的關節勾連起來，其作用機制有二：其一為轉化過程，非靈知之事件都會被轉為靈知的內涵；其二，概化過程，將行事結果都歸結到靈知系統。這個機制往往是在習而不察的情況發生。

若然，那麼蘇菲亞的催眠效應如何而來？以蘇菲亞個人的聲譽，我們不必懷疑她是否造假，倒是有趣的是，她的治療理論與精神分析大抵雷同，兩者都主張我們內心的某種存在體（如記憶、傷害）遺失在某些地方，精神分析是指「潛意識」，靈媒們則指向「前世」，無論潛意識或前世，我們的某些關鍵的東西都被隱藏在「看不見的地方」，因之我們莫名地受

1 見氏著《空間詩學》（*La Poétique de l'Espace*），龔卓軍、王靜慧譯，台北：張老師文化。

苦；精神分析與靈媒的講法也是相同：只要能夠讓那隱藏的東西顯露出來，重見光明，並由我們加以把握，將之理解，則我們莫名的痛苦可以因此消除。

這個理論是否正確，當然也是眾說紛紜，但是以近來當紅的「敍說理論」來說，卻不無道理。治療界的敍說理論認為，由於我們的痛苦最深刻的部分是無言的，所以苦痛的無言往往讓痛苦不斷徘徊在深層，無法外逸，猶如膿被包在皮膚底下，只見其在紅腫的皮膚之下流竄，卻無法可施。治療者若能讓病人將之說成故事，讓故事像刀割一樣，劃開皮膚，讓膿流出，傷口自然痊癒。

我仔細閱讀蘇菲亞的每個案例，發現蘇菲亞開展各種有關前世的各種故事，涉及不少「本當無言」的部分，我相信蘇菲亞的敍說治療，非常可能是她靈療的重要因子。

我一向對未知的事物抱持謙卑的態度，我也不願像狹隘的科學主義者那麼排斥靈療。但是，當我在讀靈療的書時，我總是希望超越靈媒們的自我解釋，希望透過他們，可以敞開我們更深廣的視野。

（本文是為人本自然出版之《細胞記憶》所寫的推薦序）

《空間詩學》
La Poétique de l'Espace
作者：巴舍拉（Gaston Bachelard）
譯者：龔卓軍
出版社：張老師文化（二〇〇三）

詩意空間與深廣意識

夢想是人類發展縈繞千裡的諸種森羅世界的發軔之地。夢想本身並不單獨存在，它也不似心智那樣希求獲得創造世界之功，毋寧說，夢魂是個孕母，它是心靈的煉金術，讓世界點石成金，也是事物的締結者，讓老屋成為安全的棲身處，讓愛人之間的注視有了歷劫的宿緣，讓父子情深波濤激揚，讓母女相繫情深似海。

希達多深愛著這條河，這河以何等的力量孕育著他，他也以何等感恩之情待之，在他心底深處，那全新覺醒的聲音對他說話：「愛這河吧，留在河身邊，跟它學」，是的，他要跟河學，傾聽河的聲音，彷彿誰瞭解了河及其奧妙，就瞭解了所有的奧妙。然而今日他僅僅瞥見河的一種奧祕就已經拴住了他的靈魂，他看到水流潺潺不斷，從不止息，每刻亦復萬古長新般的鮮活，誰能明白箇中的奧祕？希達多不明白，隱約之間有些微的遲疑，微弱的記憶，以及天籟神音……

——赫塞《流浪者之歌》

由於研究宗教心理學，使我不得不注意宗教經驗的奧祕空間……這種我姑且稱之為「奧祕詩情空間」的領域，可以讓「朝（彳幺）死而生」（Being-towards-death）的人依舊生意盎然，讓那些浸淫在宗教經驗的虔信者活潑生機？這個心思與巴舍拉（Gaston Bachelard）希望找到詩意象的直接存有學有非常相似的地方，使得我不得不把這本《空間詩學》當作我對生命存有的啟蒙書。

我很早就背離美式心理學的基本設想，就如同巴舍拉所言，任何願意承認詩意空間生產的作家都不會同意精神分析（乃至所有的「制式心理學」〔officialized psychology〕）對人類的潛意識所做的分析，因為制式心理學家為了明確捕捉心理過程，放棄了對心底的雄渾（pure sublime）的完整，毫不猶豫的進行切割，即使，雖然自詡為「深度心理學」（deep psychology）的「精神分析」，也只是將心理深度定錨在潛意識的動力分析，對於深廣意識其實並未曾探討，也不知如何探討，致使人只能從精神分析認識到潛意識的病理觀，卻很少就我們最珍貴深廣的內在性（inwardness）有更適切的瞭解。

本書可以說是研究人類「深廣意識」的敲門磚，也是長久以來，現象學界對人類「深廣意識」研究的貢獻的一項成果、一個旅程碑，在巴舍拉之前，有多少詩人、文學家與心理學家試圖去揭開深廣意識的謎，但是都只走了一段，而巴舍拉這本開天闢地的書，可說上接法國文學傳統，把有關深廣意識表意的層面有了更深邃的接壤之處，那就是現象學對「夢想」的開發之處，而巴舍拉又很清楚的將精神分析放在夢想的另一端點，讓精神分析從潛意識向世人告白，但是現象學所開發的「夢想」絕非精神分析所主張的表意（representations），精神分析認為夢想的再現深具意義，並將意義予以固定化，而夢想的現象學則試圖把靈魂的空間保持在「夢想場所」（place of reverie），讓深廣意識悠遊於「場所」——那裡，我們有著自然、家屋、隱密處、安歇棲地，以及完全不識自我的**集體潛意識**（collective consciousness）以及**宇宙意識**（cosmic consciousness）。

在本書的第一章，巴舍拉就開宗明義擺明：夢想的現象學乃在於探索「精神的沛然奔放」與「靈魂的深切」，此即為我所謂的「深廣意識」，而任何深廣意識都以「內在性」（insideness）為標的，不追外物，但自然與外物結緣，如何結緣，誰來結緣？這就是巴舍拉的夢想現象學最關鍵的轉折：**他完全瞭解詩意奧祕空間（MPS, mytho-poetic space）的存在**

即是「夢想」——這個被理智鄙斥為三流心智的壞痞子，被視為妨礙心智進化的大白癡，被理性斥為無稽之談的鬼迷魂，居然是深廣意識最為核心的「場所」，它捨棄時間，讓空間獨自開展，而獲得非凡的成就。這個突破深廣意識的研究，連首度注意到MPS的卡西勒（Ernst Cassirer）都瞠乎其後。

夢想場所的非凡之處在於：它是人類發展縈繞千裡的諸種森羅世界的發軔之地。夢想本身並不單獨存在，它也不似心智那樣希求獲得創造世界之功，毋寧說，夢魂是個孕母，它是心靈的煉金術，讓世界點石成金，也是事物的締結者，讓老屋成為安全的棲身處，讓愛人之間的注視有了歷劫的宿緣，讓父子情深波濤激揚，讓母女相繫情深似海。

但這只是夢想在人造的世界最不重要的功勳，在我閱讀的過程，我發現巴舍拉將夢想放在三個層面來說：

第一層是與記憶回想的轟隆有關的魂繞空間，我們很容易回想的童年以及那時的一切事物，彷彿織錦成生命當下化的寶石，我們的歷史時間以勾魂攝魄的方式將一切事物染成我們的生命興致，而能讓那歷史時間回顧者，不是時間，而是夢想的空間：「我的家屋是通透的……像是某種煙霧，我可以隨心所欲的將牆壁放大縮小，可以把它拉過來，緊緊地依靠著我，如護衛的盾牌……我也可以讓家屋的牆壁拓展自己的空間，無限延伸」[1]，夢想並非單純的心象，也不是渲染情緒的染缸，而是召喚物成世界的黏劑，一個召喚所有事物的聚所，它的魔力如同《奧狄賽》裡頭，萊茵河女妖的歌聲，使事物相逢相親相愛也相恨。從第一章的「家屋」開始，巴舍拉就開始處理深度的現象學，此時「廣袤意識」尚未現身，讀者可以注意巴舍拉的企圖，他將重點放在「私密性」（intimacy，我個人則偏好譯為「親暱性」），「私密性」在這本書是個關鍵詞，意味著「人與自己的關係」，亦即，人蜷伏在世間某個空間，在那裡，人自身與自己最接近，亦即最富有真摯性。在此所談的「真摯」並不含有任何道德的意思，而是「深入自己」的不能自己，所謂「家屋」則是自身的棲息處，但是指的是「非現實」那部分，也就是「情態氛圍」，但是巴舍拉提醒我們，親暱的自我關係是一種迴旋式的反身運動，這種反身加上「非現實」的夢想因子，人才能獲得「深刻」，而不是世間裡的「自私」或「自我中心」。這種「深刻」充滿著詩意，也許詩人給出詩意的那一刻，正是與自己最親暱的時刻，而且這詩意正是「夢想空間」，而不是你我所認識的自我，或者反過來說，夢想裡自我是飄渺的存在者，散佈在空間裡，就如同我們童年誕生的老房子是「地窖」：「在這地窖裡……它的周圍充滿了種種對夢想的心思」2，那是會迴旋的空間，只有夢想令其起風飛揚。

1 見《空間詩學》第二章喬治·史必瑞達奇對家屋的描述。

2 見《空間詩學》第二章第四節。

第二個層次則在於深入事物的本性之處，在家屋的垂直與水平面、閣樓與地窖、陽面與陰面，在這些事物的深度裡，人的個性消失，但做為人性的基礎卻隱然浮現，就如同榮格所謂的集體潛意識，巴舍拉透過夢想現象學的直觀，透視到夢想這非實在的官能如何與現實共構真實，讓隱居之親暱感凝聚作用在家屋的軸心成形，讓陋居的童年之屋顯露其質樸與原始性，最終深及軸心化的孤寂感——想像你是住在森林深處的一間茅屋，與外界切斷一切關係，然後活化了人與事物之間的親暱感：「因為外在世界的存有感被減弱，反而感受到自我親暱的質地與張力」，「引退之所」隱遁者才是內心世界真正的主人。在臨終病床旁，我們也會聽到即將去世的老婦輕呼亡夫之名，所有在世的親暱傾巢而出，倏爾亡故。想來這些都是想像的現象學要求我們直接體會的意象，人必須將之當成生活裡真正歷練之事，如此樸實的親暱，而非世界的繁華喧嘩。

例如本書的第三章〈抽屜．箱匣與衣櫥〉，我們進入私密空間，進入一個可以蜷伏的世界，乃至第四章〈窩巢〉、第五章〈介殼〉談到的自然，我們以生命形式與世界交往，而不是個體的形式，所以，那是夢想以「生成」的方式現身，而第六章〈角落〉、第七章〈微型〉則是將夢想帶入愛麗絲的夢遊仙境，讓所有的微型空間自行呈現，以及第八章的〈私密的浩瀚感〉將內在性的無垠感托出，然而，其小至微如芥塵、其大深廣如宇宙，其實是同一件事情，呼應著「微細意識」與「宇宙意識」的同源。

深廣意識的宇宙層面可以從第八章的〈私密的浩瀚感〉（intimate immensity）為起點說

起，巴舍拉直陳「浩瀚的現象學」直接指涉到我們的想像意識，亦即，我們依賴想像接近浩然，然而這想像的質地必須極為純淨，它所揮灑出來的產物固然可以五色繽紛如藝術作品，但是它本身必須保持純粹的體質，而其真正的效果則為「深廣浩然」——在此，根據巴舍拉的理論，如果我們真正進入「內在性」，完全放棄「事相」的外在性，回歸到身體的各種介面（感覺、知覺、動覺），而且在諸介面的護持之下，我們自然地做夢，夢空間迅速寬廣，如空氣氤氳，不再為現實所限，廣袤意識於焉出現了。

在這裡，巴舍拉提到「最純粹的現象學」領域剛好就是「沒有現象的現象學」（a phenomenology without phenomena）[3]，亦即這樣的現象學是毋須等待想像成物，而是直接進駐夢想自身的浩瀚感[4]：「浩瀚並非是事物，浩瀚的現象學直接指涉到我們的想像意識」[5]，一種純粹存在的想像，而尤其投射出去者「往往見其大」。巴舍拉的「浩瀚」必須回到夢想的坐落裡頭，也就是在夢想的源頭處，因此沒有什麼「浩瀚」可以被觀看，而是進入夢想自身即是浩瀚。

夢想不僅做為心理轉換的構成要素，也成為轉換本身的樞紐，這樞紐的地位卻被生活

3 見《空間詩學》第八章前頭。
4 亦即以夢想自身的構成為知覺者本身。
5 見《空間詩學》第八章前頭。

現實所抹煞，生活現實的邏輯是堅實與毀敗之間的辯證，而夢想的邏輯卻是虛邈與真實的來往之間，前者往外在世界營造，後者則深入內心，但是云何「內心」，卻是個玄妙問題，就如同巴舍拉以大篇幅的文字描寫〈內與外的辯證〉（第九章）；所謂「內」、「外」是交互的螺旋線：「當我們陷在存有之內，我們極力往外走，當我們在外勞動，又不斷地要往內走」，因此人的存在狀況就是「內在之間迂迴反覆」，而所謂「內在」卻又是外顯（inside outside），所謂「外在」不外乎內顯。因此，內在與外在不是幾何的線索分割的，而是一種存在的運動，往鬆弛、安息或虛無的遼闊運動，即是「內在」，往健壯、堅實或核心化的收斂運動，即為「外在」；「外在」仰仗意義，意義圈圍事態；「內在」仰仗詩意，詩意開啟事態。因此，所謂內外，即是旋轉門的迴旋，而「此在」（Dasein）即為迴旋的圓。

發現存有的圓整運動做為詩意空間的暫時結論，其實並沒有完結，在《夢想的詩學》裡，巴舍拉反而有更深入的發揮宇宙的圓融運動。存有的圓融不容易被發現，主要在於觀看的視野不容易建立起足夠的深度，以致於無法見圓。

後來，巴舍拉的《夢想的詩學》、《火的精神分析》都繼續著本書的主調論述下去，但本書依舊是最重要的啟蒙書：夢想現象學有效地為著人類不斷進入冥識，不斷瞥見宇宙意識，不斷讓宗教人心醉神迷等現象開啟了先河，也為生死學的靈性空間開闢了新領域，其做為本世紀的啟蒙大書，實不遑多讓。

譯者龔卓軍副教授數年前即已將此書譯稿草就，其間亦請王靜慧小姐翻譯一部分，可是譯完之後，又擱置甚久，我把玩其草稿，覺不妥之處甚多，示之於同好，亦覺難懂，出版前半年許，龔哥覓有嫻熟法文者合作琢磨，加上溽暑急修，至第八章畢，始覺豁然開朗，實為可賀。我相信這是龔哥翻譯之生命史的一大轉折，值得浮一大白。此序。

（本文是為張老師文化出版之《空間詩學》所寫的推薦序）

《人及其象徵：榮格思想精華》
Man and His Symbols
作者：卡爾．榮格（C.G. Jung）
譯者：龔卓軍
編者：余德慧
出版社：立緒文化（一九九九）

夢從象徵擷取心靈的奧祕

榮格認為，人類用自我創建文明，而文明不斷遮掩本我的心理原型，使我們只看到文明，而看不到自性。

夢已經被肯定為人類心靈的一部分，無論從腦生理的研究，或者精神心理的研究，都逐漸將夢的重要性放到前面。在眾多分歧的研究裡，有一個支派特別注意到，人類個體的發展，與整個文化的演進同步進行，人的夢想就像人類文明一般，由原始逐漸蛻化，彷彿是文明的縮影。這一支派就是榮格所領導的夢象徵研究。

個體的夢所賦予人類的意義，往往遠較人類所能理解的。夢如何賦予心靈的意義，榮格首先擺明一個心理的基本命題：任何心靈的事物不在於因果的關聯，而是意義的關聯，因此即使兩個偶發的事情，彼此沒有因果的關係，卻因為同步發生而使人理解到其中的意義，對心靈是常有的現象。

雖然，科學對缺乏因果關係卻具有意義的心靈事物斥之為迷信，但並不意味著這樣的心理的作用會少一些。例如一九九八年在南投的小鎮發生一件離奇的事，一位玄天上帝的乩童打死了兩條蛇，結果他在一年之內被蛇咬了十一次，最後因為心臟痲痺去世。醫生說，不可能是血清中毒，所以他的死亡應該與蛇咬沒有直接的關係，這是因果的解釋；一般民眾相信，這樣的巧合應該是玄天上帝的座下蛇神報復，並將該乩童的魂魄攝回座下充役。民眾相信的是心靈事物的奧祕意義，而不是理性的思辨。整個問題的看法，榮格自有其獨到之處：我們並不是從這些現象獲得智識，而是加強的靈知，而靈知恰好是精神的氛圍所發散出來的一些遐想，這些遐想並沒有正確的客觀知識，而是在潛意識發酵的成果。

潛意識過去被視為無明，缺乏理性思辨。一般認為，缺乏理性的思辨應屬愚昧心識。這樣的看法恰好取消了人類心理最基本的精神作用。生活理性只能說是心理的一個層面，而由主觀意義所產生的作用則屬心理的另一層面，兩者並不互相衝突，只是狹義的科學心理學觀點取消了這心理最基本的作用。

奧祕心理絕對是心理經驗，但可以不是感官經驗，而是意義經驗。但是，它又不是語意的經驗（例如，你聽到什麼話，心裡很難過或高興），而是類似前述故事的經驗，透過文化想像、潛在意識所發出的戰慄之聲。

榮格最大的貢獻就在於開啟西方文化這方面的經驗領域。這個領域關乎神話、夢與妄覺的心理現實，其根本的特性是彼此之間相互轉換，有時候神話變成物質世界的真實，有時候變成妄覺假象，有時候是夢，有時候是巫，有時候是天良，有時候是神。在這些變換之間，有個心靈的說話者，他隱身在奧祕世界的暗處，從未現身，當他說一個幻象的故事，各種變形就會發生，可能在某處出現相應合的象徵，可能出現在夢境裡，可能變成神話。

如果要達到這一點，我們必須非常專注在心靈的朦朧意識底下。首先我們必須先驅逐自我（Ego），根據心理學的學理，自我是從社會生活的經驗產生的一種自我觀照，具有明晰的有意識思維，例如「我是誰」，「我做什麼」，「人們如何看我」等等，這種自我意識往往用語意刻畫出來，是可以用語言操縱的。相反的，在人類經驗裡有一種經驗，並不能言說，卻可以隱約感覺到的，心理學稱之為「本我」（Self）。本我的經驗是不能用一般的智識瞭解的，而是以象徵、神話或幽暗意識來體會。換言之，本我所認識的世界是那種「聽見樓梯響，未見人下樓」的迴響，就像在自我的世界，人們相談甚歡，而在本我的世界，人們則互相入夢。也許在自我的世界，人們反目如仇，但若是在夢中兩人相談甚歡，則可能在本我的潛意識裡，兩人其實心心相繫，彼此牽掛著對方，亦即在自我的層面結仇，並不意味著在本我層面反目。歡喜冤家是粗淺的例子，而整個本我所意味的聲響，卻是人類心理的大問題。

夢與本我有直接的關聯，但卻與自我無涉。一般解夢的錯誤在於把「夢與本我的關係」移置於「夢與自我的關係」，例如夢見棺材就可以升官發財，這種完全把夢的意義關聯到俗世的作為，榮格譴責為大謬，認為萬萬不可如此解夢。何以為故？首先，夢見棺材絕對與個人的生活裡相關的隱密意義有關，與棺材的諧音無關。其次，某甲夢見棺材與某乙夢見棺材，可以有完全不同的意義，因為我們生活經驗的潛意識裡，對棺材的攝受完全不同，某甲可能在潛意識思念父親，而他對父親最大的印象是匆忙之間看著父親移靈下葬，將父親下葬的影像攝受到心底。當他陷入一些難題、內心徬徨之際，夢見棺材，其意義可能是「對父親的依戀」，想要父親告訴他什麼。如果他的母親恰好提到，如果在這種情況，他父親生前會怎麼做，這些話對某甲在事情的決定上可能會起關鍵性的作用。但對某乙來說，他完全沒有某甲的經驗，某甲夢見棺材的意義就完全不適用。

所以，夢的作用場在本我，雖然對事情的決定涉及自我，但那是後來的事。許多人可能已經從夢裡獲得本我的呼聲，卻不加以理會，而導致悲劇。例如，榮格在本書的第一章說一個故事：

我記得有個男人，跟一大堆狗屁倒灶的事情一直糾纏不清，他發展出一種近乎病態的激情，以征服危險的高山做為補償，以尋求「攀越自身」。有一天晚上，他在夢中看到自己從山嶺跨了出去，踩進了空蕩蕩的空中。他一告訴我這個夢，我立刻看出他的危機，強調那是一個警告，並勸他約束一下自己。我甚至告訴他，這個夢預示他會死於山難。所有勸告皆屬枉然，半年之後，他真的「踩了空」。一位山地嚮導看著他和一位朋友沿著引導繩，從一陡峭之處下降，那位朋友在一處岩突找到暫時的立腳點，做夢者隨之而下。這時，這個男人手中的引導繩突然滑掉了，依據嚮導，「就好像他踏進了空氣中」，他摔在他朋友身上，兩人一起跌落山谷而殞命。

然而，多數的夢並沒有這麼直接了當，而是透過象徵，而象徵的意義又在於「另有別指」，我們面對夢時如果過於天真，恐怕會誤解夢的象徵。榮格提到：「夢有時候其實是陷阱，或看起來像是陷阱，看時它們行事就像德爾菲神殿的神諭，它告訴克魯梭王（King Croesus），如果他跨越了哈利斯河（Halys River）就會摧毀一個強大的王國。於是他渡河一戰，結果全軍覆沒，他才發現，神諭所說的王國其實是他自己的王國。」

榮格在與佛洛伊德決裂之前做的夢，使他領悟到：「我的直覺極其突然而意外的看出一個事實：我的夢意味著我自己、我的生活與我的世界，我的整個存在都抗拒著由另一個陌生心靈為他自己的目的而樹立的理論架構。這個夢是我的，而不是佛洛伊德的，一剎那間，我恍然大悟我的夢的意味。」

榮格所說的「陌生心靈」指的就是他的本我。本我的滋生，往往與自我的瞭解是以兩條平行線進行：在自我的世界，佛洛伊德是榮格的師友，榮格的精神分析事業是在佛洛伊德的引導之下進行，但是他的本我卻依照自性發展，預示他與佛洛伊德將會分道揚鑣。可是在現實裡，無人可以看出這點，他的夢徵卻預示了這個未來。

依照榮格的理論，夢是以象徵在本我層面上顯現，這對中國人相當陌生，也不容易接受。我們懂得本我的良心，卻很少想到本我也可能有其潛抑的「陰暗面」，例如，榮格舉一個溫文儒雅的男士為例：

一位表面溫和謙讓的男人，做起事來謙恭有禮，八面玲瓏，他總是滿足於退居一角，卻小心地堅持自己也要在場。一旦被要求講講話，他會提出見聞廣博的看法，但從不會要求別人附和他。有時候，他會暗示一件事情如果換到某個更高的層面來處理，就會找到更適切的解決良方（但他從不解釋怎麼做）。然而，他在夢裡經常遇見偉大的歷史的人物，如拿破崙、亞歷山大大帝。這些夢顯然在補償其自卑情結。不過，它們還有另一層含意，這個夢在問：面對這些事功彪炳的夢中來訪人物，我究竟該做個什麼樣的人？在這方面，夢指出了隱密的自大浮誇，以彌補做夢者的自卑感。潛意識上的孤高，使他與其環境現實產生隔閡，也使他遠離對別人而言理所當然的義務。他覺得自己不需要向人證明，他的高明見解其實是基於較高明的資質。

本我的陰暗面可能是屬於一種內心糾纏的情結，像個表面好好的（自我層面），裡面卻長膿（本我的層面）。但並不是所有的陰暗面都會有可怕的情結，然而在任何自我的正面，都可能有其本我的陰暗面。例如，男人有其女性化的陰暗面（或叫陰影），榮格稱之為「安尼瑪」；女人也有著男性化的陰影，榮格稱之為「安尼姆斯」（詳見本書第三章）。這種本我的陰影根植在人類的心靈，構成人類長久以來的文化母題，而有所謂「原型」之說。心理原型指的是人類本我的普遍性質，一直以象徵的表現向人類自己顯現，包括宗教儀式、神話與巫現象。榮格認為，人類用自我創建文明，而文明不斷遮掩本我的心理原型，使我們只看到文明，而看不到自性。榮格企圖從這個角度發展文化深層的心理學，針對宗教、藝術與神話進行全新的論述，而他的弟子也不斷致力於這個領域的開拓（見本書第二、三、五章）。

回頭來看我們中國人對榮格的夢與象徵的分析有何關聯。我相信是西方文化奧祕心理學的啟蒙之一，雖然他引用許多東方奧祕思想，但絕非是東方人可以輕易瞭解的。雖然榮格引用許多東方文化，東方文化的奧祕也不會因為榮格而獲得開啟，相反的，榮格的奧祕心理學依舊留在西方，東方文化仍須自己來解開。但是，如果也運用榮格的作法，將榮格對夢與其象徵的分析做引子，重新詮釋我們自身的奧祕文化，並不是不可能的事。

因此，這本書的譯者龔卓軍已經很努力地將西方奧祕文化弄得服服貼貼，但是顯然還是有讀者不適應榮格及其弟子的長篇大論，但是這是榮格生前最後一篇文章，也是他與弟子為了一般讀者所做的入門總結，如果讀者還有困難，可以先讀立緒文化出版的《導讀榮格》（*A Guided Tour of The Collected Works of C. G. Jung*），以及張老師文化出版的《榮格自傳——回憶．夢．省思》（*Memories, Dreams, Reflections*），再讀本書的第一、二、三章，第四章的藝術心理原型可以單獨看，至於最後一章的個案分析，讀者會感到吃力，可以省略。一般來說，榮格的理論不要期待清晰，而是體悟，因為任何夢的象徵，都依照個體的本我與自我兩條線獨立發展，很少有與他人共通之處。榮格勸讀者要細心體察自己的夢，不要遽下判斷，自己細心涵養細嚼，潛觀本心，傾聽本我細微的暗示，將會有一番心領神會。

（本文是為立緒文化出版之《人及其象徵》所寫的推薦序）

《一個新世界：喚醒內在的力量》
A New Earth: Awakening to Your Life's Purpose
作者：艾克哈特．托勒（Eckhart Tolle）
譯者：張德芬
出版社：方智（二〇〇八）

靈性經驗：生活殘片的組合，我們等待著不可思議的臨在

人類的認知當中，一旦有了一定程度的臨在、定靜和警覺，就能夠感受到神聖生命的本質，這本質就是在每個受造物、每個生命形式當中永存的意識或靈性，同時人們也能夠認識到，它和人類自身的本質是合一的，所以能夠愛它如己……

我們看到本書作者艾克哈特．托勒（Eckhart Tolle）的整套「覺」的理論，心有戚戚焉；在這條艱辛的道路上，多少靈性工作者不斷在這領域書寫，提出理論說法，而能夠有些許進展者卻非常稀少，大多數的作者只能夠透過自身莫名的經驗加上一些陳舊的解說，更糟的是，一些真實的靈性論述被雜夾在一些陳腔濫調之中，常常被當作破銅爛鐵一起掃到垃圾堆裡。猶有甚之，即便近代的靈性論述逐漸地發展出一些新觀點，現代世界也不容易接納，以致形成「信者恆信，不信者恆不信」的平行現象，彷彿是兩個極端的意識形態相互取消。在信者一邊，托勒的《當下的力量》（2008，橡實文化）一書讓許多人身受其惠；在不信者這邊，認為他不過是陳腔濫調、靈性古魯之類的人物。

我仔細閱讀托勒的行文之間，發現不信者的看法非常不公允。近代的靈性論述逐漸發展出新的觀點，其中托勒的靈性觀點有其值得嚴肅對待的地方。姑且不論大眾媒體對托勒的褒貶或斷章取義，本文試著從近代靈性論述的發展來談。

有關化「小我」為「大我」的問題

大我、小我的傳統論述是有所不足的。小我的實在（Ego reality）被視為真理的障蔽，而「大我」是真理的澄明，這個素樸的看法長久以來一直被主張著，鮮少更動。但是，這個論點卻一直留下它不可解的弔詭：小我的實在之所以能夠成立，必然有令其成立的始作俑者，而這始作俑者恰好就是我們所謂的「聰明才智」，也就是俗世的智慧——它幫我們料理世事，處理情緒，將世界整頓得井然有序，但也聞利而趨，貪嗔癡無一不備。換言之，小我的真實在於其「有利於己」而展現於共利的外在世界。對這一部分，靈性論述稱之為「自我的出擊」，而它遭受靈性傳統的批判，並不在於自我意識本身，而是它的「壞成分」（即貪嗔癡），因此，希望透過靈性修行的矯正，讓自我不要閉鎖在「小我」的壞成分裡。

這個論述其實是無效論述。人類的日常意識本身可以為私利也可以為公利，其可以存乎一心，也可以不存乎心，為善為惡，本身就沒有一定的傾向，而趨善避惡則是道德、倫理的制約，並非本心的湛然，所以，棄小我而趨大我只能說是道德感的呼喚，還不能算是宗教修行或徹底的自我轉化。猶有進之，若沒有看到自我現實的複合作用，人在世界裡的現實是無法脱離自我與世界情事或他人組構的，只要人的存在是依賴著這個無可避免的組構作用，就無可避免會發生種種的占有與分享。譴責「自我」（小我），往往是透過下列的邏輯：自我會將自身投射到所欲之物，使得「我」希望占有某物（如求名求利）。但這譴責卻忘了另一個邏輯也同樣成立：我也可以捨棄某物或與人分享。換句話説，譴責「小我」不能只是片面地指責「占有」，卻又片面地支持「分享」，使得一體兩面的東西彷彿有著全然不同的本質。綜合言之，「譴責小我、追求大我」不具有本心自然的本質，而只是人類意識的一種希冀之求罷了。

托勒在這轉折點做了關鍵性的決定：他拒絕將「開悟」意識與人類的意識掛勾，亦即，開悟意識絕非我們的日常意識，理由是：人類意識所展現的各種名相大抵以「形相」的風貌出現，亦即，世間的思維必定是以某種「能說得出」、「能表示得出」的表意方式顯露，而任何能以形相為表徵的東西，在他看來都是一種受縛的存在，他認為真正的轉化意識在於「意識能保持無形無相的狀態」，而意識要保持「無相」，當然就不可能是我們習以為常的日常意識，而是某種我們的意識不熟悉、無由認識的狀態。

既然無由認識，那開悟意識又如何發生？托勒的真正進展在於「間隙」的重新發現。自古以來，「精神界」的空間數度被發現，但迅即遭受活埋，現代文明所理解的精神界，無論是從蘇格拉底到黑格爾，或從儒家文明到佛家文化，「精神界」早就被人類心智所包裝的「精神」框死，那種訴諸文字、象徵、敍事或機構表徵的「精神」其實是個誤識，人不但無法透過日常意識所理解的「精神」去接近真實的生命，反而被這些「精神」的載體，如修辭、讚嘆、人云亦云等流俗作法糟蹋得體無完膚。托勒很清楚這點，他抨擊所有的宗教教門「增加常人的虛幻自我」：「很多宗教變成了製造分裂而不是促成合一的力量。它們不但沒有經由領悟到所有生命最終的合一真相而終止了暴力和仇恨，反而還帶來更多的暴力和仇恨。在人與人之間，以及不同的宗教，甚至相同的宗教間，都製造了更多的分裂。它們成為一種人們可以認同的意識形態和信念系統，並且利用這些來增加人們虛幻的自我感。」（見本書第一章）。他並非否定宗教的價值，而是反對「錯認的宗教」，反對那些只認宗教形式而失去生命真實的東西，如教義、圖騰、符號、象徵或組織的「宗教」（即「被錯認的宗教」）。托勒要回歸的是宗教啟蒙者的「開悟」時刻——釋迦牟尼在菩提樹下的那個星夜，耶穌在曠野那四十天的折磨，都一再顯示某個非凡的超越意識曾經出現在極少數的人類，而這非凡的經驗卻是「人人皆有」的一種生命本質，只是人類在文明的豢養之下，強力發展「僭主意識」——也就是我們所熟知的聰明才智。這種精明幹練、細心計較的明智意識就是老子所要棄絕的東西，但它卻是後來人類一味汲汲營營所欲發展的強大意識。在這僭主意識發達的時代，許多哲人大多隱約知道它的遮蔽性，就如海德格常嘆氣地說：「這是眾神隱退的時代」，但是卻無人能翻轉這日益強大，猖狂僭主的意識。

這就是我所謂的「靈性界的艱鉅任務」。傳統宗教試圖直接去否定僭主意識，要求在神聖面前無條件臣服，或者直接否棄小我，斷貪嗔癡。這些主張行之數千年，可說是成效有限，必須改弦易張。

托勒是從他的「開悟」下手，也就是他所謂的「臨在」。「臨在」這個詞來自基督文化，希望透過「直面現前」於神聖領域的經驗，而避開人類習慣的心智作用。

托勒對「臨在」有深入的看法與體悟。他並不沿用基督宗教的語言來談「臨在」，而是徹底地從「意識之非」——即絕不踏進任何宗教思想所羅織的意涵去談「臨在」，將經驗現象極端地從「臨在」提煉出來。

人類的認知當中，一旦有了一定程度的臨在、定靜和警覺，就能夠感受到神聖生命的本質，這本質就是在每個受造物、每個生命形式當中永存的意識或靈性，同時人們也能夠認識到，它和人類自身的本質是合一的，所以能夠愛它如己……當你全神貫注，並且對著一朵花、一顆水晶或一隻小鳥沉思冥想，但在心智（mind）上不去定義它們時，它們就會成為你進入無形世界的一扇窗。

「臨在」的經驗現象：凝視的空間／臨在——我即是——內在空間

如果我們細究托勒的「臨在」到底何義，可以說是隔靴搔癢，但我們是用幾個漸進的說法。首先，臨在本身是個當下存在狀態，一個存有的動態，以英文字來表達為presenting，而非representation，後者我們稱之為「再現」，也就是我們日常意識捕捉對象加以理解的方式。而presenting本身前無主詞，意味著不知臨在的主體為何，後無受詞，意味著它並不展現「呈現了什麼」。這「presenting……」後面的「……」毋寧是無可說的奧祕，而這「presenting……」出現的時刻更非心思所設計，總是不知何故地切斷了日常意識思想續流，那「覺」的認知就是在未升起造作意識與意識反思的中間，有個前後不接、無法被日常意識的空白間隙，從這空白間隙之間浮現的存在狀態。這個「覺」——在這當下，我們意會到這個空白維度，而產生精神性的深度流動，無論它是沿著聲音、眼見或觸碰而來，只要進入這汩汩流動的內在空間，人就立即會感受到鮮活、新奇、活潑朝氣與喜悅。

這樣的存有狀態，用拗口的字眼來說就是「我即是」。但這三個字其實無法表達「臨在」深刻的空白維度。同樣主張這種悟性的哲學家是法國的巴塔耶（Georges Bataille），可惜在僭主意識的羅織下，巴塔耶被冠上污穢者之名，與惡靈畫下等號。巴塔耶的主張，到了法哲德勒茲（Gille Deleuze）那裡就變成「純然的內在性」。

殘片的組合：一個不可思議的現象

生命的間隙可以是一種生命處境的斷裂（如災難），也可以是日常修煉時的一種存在狀態，它真正存在於我們的日常意識不再以連續、綿密的方式控制著我們的存在。然而，間隙也絕非真空的存在，它真正的意涵在於「意識之非」，也就是癱瘓日常意識。平時，我們的意識宛如非常忙碌的裁縫師，不斷將流逝的轉成記憶，將尚未實現的未來接補起來：遇到空疏的就加以密實（增補意義），碰到混亂的就加以平整，這些都在人的意向性的平面進行，成了維護世俗存在的甲冑。在這種存在裡，人彷彿過著合理的生活，可是在這合理生活的存在卻讓我們遺忘了生命真實的存在，因為生命真實的領域，我們只能沉默領受，任何言語皆是多餘。至此，我們不禁問：那我們如何「覺」到這真實生命？從托勒的間隙理論以及相關的哲學論述，那非常機緣性、意識無法料及的生命殘片的組合作用，非常可能是「覺」的因緣。所謂生命殘片，指的是那我們亙古以來就不斷隱約浮現的東西，例如懷孕的女子總是表現著人類亙古以來古老的姿態於某個瞬間，彷彿在這長久孕育人類的機制裡有著一股難以抹除的氣息在孕母的母體反覆地重複著，但它總是被話語遮蔽，以致於我會用無效的語言去談母愛而遠離母愛，而真實的母愛反而是在另一個空間。例如，我們看到母雞會為了救小雞而奮不顧身保護，自己讓老鷹攻擊。這個母愛其實尚未抵達真實界，而是當我們看到母雞保護不成功，所有小雞被啄死，只剩下母雞對空繼續奮鬥的失敗。這個失敗辯證性地翻轉了我們，作為一個見證者，我們從失敗瞥見真實的愛，此時我們流淚，才在這殘局凝視到真實——在日常意識裡看不見的真實。

這就是人類潛在已有卻久遭掩滅的「悟性」。

然而，這條路的研究只是剛剛起步，也許未來的人類可以開出這新世界的花朵。在這起點上，托勒的貢獻應該是肯定的。

（本文是為方智出版之《一個新世界》所寫的推薦序）

《口袋裡的鑽石：發現你的真實光芒》

The Diamond in Your Pocket: Discovering Your True Radiance

作者：恆河母（Gangaji）

譯者：不言

出版社：書泉（二〇〇九）

恆河母的明心見性之道

對修道人來說，把人沉潛到意識背後的被動大地，並非只要無所作為，或簡單的無事，而是要克服「意識優先」的心態。在修道人眼裡，意識是建築在被動大地的違章建築，一方面意識的格局窄，處處受制於現實環境；一方面意識所興的念頭隨著世界變化，宛若浮波，人的生命若受制於意識，只能在苦難裡度日。

恆河母（Gangaji）的這本書是我所了解的身心靈書當中，最透徹、清楚卻是最困難的書。對這本書我所有能夠表達的敬意就是為它寫一些註解，幫助靈修的朋友在語言上有所疏通。我的註解不及全書的萬分之一，我只能盡力。

存有的平和——被動的大地

恆河母的老師帕帕吉教導的「存有的平和」非常接近法國哲學家列維納斯（E. Lévinas）在他的存有哲學裡所談的「被動性」（Passivity）。一般認識世界的方式是以凡夫意識的觀點建立的，所以全然以人的主動性為生命存在的依歸，其目的在於成就人類的世界。但是帕帕吉的修行是將世界轉向存有。恆河母非常精確的說明：前者是故事，後者是生命。故事是世界的故事，生命是存有的生命。存有的生命是在取消世界意識之後的被動性。被動性是存有的大地，它的力量是支撐生命的底下磐石，而不是往外伸出去的出擊力。被動性的大地沒有故事，只是一切的支撐，所以恆河母在初見帕帕吉的眼神裡透出的是「一片廣漠」。故事是一連串的意念，配上世界裡的情事變化，對一般人來說，故事已經能叫人垂淚，可是對帕帕吉這些修行人，故事只是生命的裝飾，那多采多姿的故事無法觸及生命的絲毫。

對修道人來說，把人沉潛到意識背後的被動大地，並非只要無所作為，或簡單的無事，而是要克服「意識優先」的心態。在修道人眼裡，意識是建築在被動大地的違章建築，一方面意識的格局窄，處處受制於現實環境；一方面意識所興的念頭隨著世界變化，宛若浮波，人的生命若受制於意識，只能在苦難裡度日。

本我真相不是念頭

因此，恆河母勸人把念頭與自我分割出來，不要把念頭當作本我。但是，當意識炙烈的時候，人們根本就無法跳脫意識的掌控，所以恆河母的教法是「停下來」，讓意識自行運轉，你就是不動，然後看出這些念頭其實並沒有那麼霸道，如果有修道基礎的人，通常會看出這些念頭的限制，甚至這些念頭找到無念的空隙，直接進駐本我的真相。

恆河母用「本我的真相」是難以使用語言可以說明的。本我的真相並不是告訴你本我是什麼，因為本我從來都不能以「是什麼」來說明。對修道人來說，本我的真相其實是一大片清澈湛然的「什麼都不是」，從最膚淺體會來說，身體的森羅萬象本身就是本我的真相，但那不是一堆器官的感覺，而是有身體的無器官感覺。這話怎說？通常我們體會的身體感是透過神經系統的標註，把各種感覺局部化，例如你「看」是用眼睛，但瞎子則用耳朵與觸覺。瞎子的眼睛之標註能力消失之後，他的其他身體感官會來代替眼睛標註。如果瞎子放棄替代的標註，那麼瞎子是否什麼「看」的感覺都沒有？其實，人的感官不作標註並不見得就沒有覺知，那時會出現「無器官」的知覺，那就是一片湛然。

無標註的身體

人的身體不作標註會使人產生一種非常深刻的寂靜。恆河母有時會說那是發亮的意識或自由意識。無論用何種說詞，那是在現實意識之外的另類意識（altered state of consciousness，簡稱ASC），這種另類意識在早期人類就發現了，他們被稱為「巫者」。現代的催眠也證實這另類意識是存在的。但是長久以來，人們並不知道這另類意識有何功能，修道人也很早就發現這個區域，有人稱之為「自由空間」，有人稱之為「太虛」，有人命名為「涅槃」、「三摩地」等。

這另類意識的感覺與現實意識有著根本的差異，它是流動的，而不似現實意識的「釘住」。如果你以意識捕捉意義，你會發現你是將意義一一釘牢，然後將之排列成一串意義。這是因為意義本身就是被標註的東西，但是另類意識缺乏這標註，所以有感覺卻無法被固定，以致於感覺如流水般。

存有的深淵

然而對修道人來說，進入另類意識並非如催眠或行巫那麼短暫，他們的進路並非依靠鼓聲、薰香或指示語，而是赤裸裸地面對存在的深淵。對一生順遂、功成名就的人來說，他的存在深淵就是死亡。對遭受天災人禍的受苦者來說，災難的後果就是存在深淵，這存在深淵會發出強迫的訊號：「它想被知道、被感覺、被表達與被面對」。修道人知道自己必須進去，而一般受苦者則哭喊著要出來。一般的心理治療則努力要把「存有深淵」抹平，當然沒有人能抹平「存有深淵」，只能製造一些假象將「存有深淵」遮蔽起來，以為看不見就是沒有。

我記得索甲仁波切的女弟子龍雅可在她的丈夫去世之後，前三個月她照常在研究所修課，照常吃飯睡覺，她自己也納悶，為何至愛的離去，自己居然沒事似的，但沒想到三個月過後，她開始遭受嚴重的憂鬱症打擊，其勢之凶猛，莫之能禦。龍雅可把存有深淵的門關得太緊，等到深淵的力量排山倒海的過來，一旦衝垮自己的防衛機制，人就全無抵抗能力。有時我們看到在災難深淵的人大哭大叫，口中不斷說些苦痛的話，樣子雖然不雅，但是他們暫時放棄理性的自我防衛，對深淵的適應是好的。修道人與凡人最大的分野即在此，修道人進入深淵，然後轉化，而凡人則是尋求世界的屏障（如找工作來取代悲傷或者另外娶妻來減輕配偶亡故的傷痛等）。

好一個「停」

恆河母的這本書經常會強調「生命是會變動的過程」，所以她所使用的關鍵詞往往是動詞，而非名詞，例如「相對地發展你的心智、你的身體和你的工作是有益的，發展意識卻是個大錯誤」，而對治的方法就是讓意識「停下來」。可是這個「停」必須是動詞，其中的千變萬化，超乎我們的想像。首先，減低意識作用與減低我們的意義是相近，而意義其實就是概念化，而概念化又是名相的生產。不刻意尋求概念是「停」的啟動，而駐足於無概念的身體感受則是「停」的另一個起點，但是這個轉折就有很費力之處，人不會無端放棄概念的意義，尤其涉及好壞、高低、美醜、好惡，這些都是非常容易概念化，甚至連三歲孩童都早嫻熟此概念的意義。光是停下來不去經營這些意義概念，幾乎是不可能。

但是有個例子卻很容易讓我們發現「停」的辦法。以二〇〇九年台灣八八水災的義工行動來說，我們注意到謝金燕、李志希等名歌手默默地為林邊村屋打掃，即使電視攝影機對著他們，他們也視若無睹。是他們自身的修德嗎？其實，他們投入一個分享式的義工團體，在這團體裡，無論角色貴賤一律挽起袖子幹活，他們沒有個人角色。相反地，以李連杰個人角色到災區就有著「沒有受難的人來安慰受難的人」，可是這個區隔卻會讓受苦者難堪。前者是「停止自己，投入集體」，後者則是「我在上面，你在下面，我憐憫你」。這個「停止自己」的操作是透過無私的志工團體來取得角色的泯滅，而後者依舊處在「我好、你不好」的區隔意識。所以，一個看似非常簡單的「停」就有非常複雜的步驟。

凡俗與修道

這就是所謂的「修道難」。恆河母斷然否定吃齋、拜佛、作經懺有何修道可言，因為一般所謂的「受苦」是評判的、抱怨的、情緒發洩的，這與修道者在痛苦的剎那之間，以簡單、沉靜的一瞬間，「你會發現痛苦的本質是聰明智慧、澄澈歡愉與和平，與幸福的本質是一樣的」（第二十九章）。對風災的居民來說，屋頂被吹走意味著「家破人亡」，對修道人來說，卻是「明月齏光，自由自在」。這是兩條涇渭分明的路。恆河母的治療之道很簡單：絕望就去絕望、悲哀就去悲哀，無須逃避，在絕望悲哀的後面會有平和來到。

有沒有更簡單的方法來說明這兩條路的巨大差異？讓我暫時先離開恆河母，用我的話來談這兩個的差異。修道人對遭逢苦難態度在於：我只是萬物中的一環，我既生自於它，也返歸於它，當家破人亡，我既不曾擁有它，而一切的俱亡又是生命的本質，我心悲哀，但是一切返歸大地，這並非悲劇。而凡人的悲哀則在：我所擁有的一切，現在全沒了，我將無家可歸，生命悲劇。修道人將這個體的心與大宇宙接連起來，他們聞知被動大地的本質：來自於它也返歸於它，這是存在的真相。

我很清楚恆河母的敍説絕非觀念論者。他的「當下停止」也不是一個口令。恆河母很準確地把被動大地的平和說出來，但是這並非簡單的事，在十六章她進一步說明這平和並非單一質地的東西，而是許多異質相偕的矛盾，既恐怖也美麗，就如老子的「天地不仁，以萬物為芻狗」，所謂「真相」指的就是大自然的牽引，這牽引既有生也有死，既創生也毀敗，修道人的道就是大自然牽引的道，我們對毀敗無須加上業力的觀念，對於創生也無須讚嘆為不可思議，修道人在被動的大地傾聽大自然的鼻息，存在的真相。

恆河母並不責怪我們那處處受制約的心智。我們真正要做的是察覺我們心智的造作並非真相，對心智毋須信靠到牢不可破，心智只是一個有限的工具，只是修行人把這工具放下，就沒有尋求的心。放下心智不能靠練習或技巧，沒有任何技巧可以讓你放下心智，恆河母主張「無思即刻放下」，無須技術，無須步驟。

歇後語

我承認無法把恆河母的全貌呈現出來。她是個修道人，她修道的過程已經使她遍歷各種語言、思考的詭計，但她又必須使用語言，因此，她必須在語言之外傳達出一種非語言的東西。對多數讀者來說，她的表層意義已經讓人眼花撩亂，更遑論深層的部分。其實，這種迷惑反而無須慌張，不懂是因為它所論及的層次高出你甚多，但這只是「停」的功力深淺。你可以很簡單地當下行「停」，靜下來，存在如石頭，無論一切。每日五分鐘，即可受惠無窮。

（本文是為書泉出版之《口袋裡的鑽石》所寫的導讀）

《踏上心靈幽徑：穿越困境的靈性生活指引》

A Path with Heart: A Guide Through the Perils and Promises of Spiritual Life

作者：傑克．康菲爾德（Jack Kornfield）

譯者：易之新、黃璧惠、釋自鼐

出版社：張老師文化（二〇〇八）

勘破傳統修行的迷思，走入現代修行的心路

現代修行接受苦難的折磨，並在其中轉識成智。這並非苦行，而是苦中行。苦行意識是自己去找苦頭來磨練自己，算是模擬訓練，而非實戰；「苦中行」卻是真正的苦集滅道的運作循環，苦難是動態的過程，它帶來的苦痛必須進入實修，這與一般僅動腦想像的修煉完全不同。

首先觸動我為本書寫序的念頭有兩個來源，一是杏林心靈診所陳俊欽醫師在一篇文章談到「宗教與心理治療永遠脫鉤」的普遍趨勢，而本書在序曲便開宗明義提出「心理衛生專業需要整合靈性」。以前者的觀點來說，宗教本身就含有「自身絕對」的神聖信念，而坊間的心理治療則在一切皆為相對的情況，拒絕將宗教的「自身絕對」納入紅塵生態，使得宗教的「自身絕對」也被俗世相對化，而成為「信者恆信」的信心療法的一部分。當然，蘊含社會意識的心理治療專業能夠從聖賢業自行脫鉤，不再綁手綁腳，也毋需將聖賢角色往身上攬，確實有其現實的必要；但本書作者認為「精神病患往往會體驗到一股巨大的力量，那就如同禪修者面對自己的貪婪、無價值感、憤怒、妄想和浮誇」，因此精神病患不應只是藥物的受控者，還需要靈修。此處靈修並不等於宗教修行，卻具有宗教修行的內涵。雖然這兩個觀點對宗教採取不同的立場，結論卻沒有太大的差別。陳醫師主張「精神疾病的生態觀」，認為許多經疾病涉及其周遭親密他人之間的鍵結關係，不能只是從個體的病理矯治觀點妄下干預；本書作者則將「內觀」領入心理治療過程，進行深度自我修煉，也希望擺脫目前主流的藥物控制。

從這個論點出發，我們的修行生活可以有兩層，一層是把肉體放在萬丈紅塵裡，吃喝玩樂與營生，一層放在靈性領域，讓身心安頓。這兩層能像五花肉般混合，不完全相容，也不全然互斥，而是透過相互的對照獲得自我修煉的資質，這一點與傳統修行大相逕庭。傳統修行主張棄俗求聖，只要純潔地安住在靈性層次，而與本書的作法有所差異：傑克・康菲爾德

（Jack Kornfield）在緬甸叢林修行五年，返回美國結婚生子、攻讀學位，將俗世的心理治療加入靈性的元素，而產生一種新興的現代生活修煉。

我們如何理解這種新興的生活修煉？本書並未提供清楚的答案，但從近年來此股新興生活修煉的趨勢來看，可以從三層的運動循環來了解。現代修行與傳統修行不同之處在於：現代修行不再「直指性命」，換言之，傳統修行的意識型態是「拼死求悟」，希望用最精進，最勇猛的修持直搗黃龍、勘破生死，所以修行者往往得離開紅塵；現代修行卻主張俗世生活的必要性，對生活的食衣住行、性愛、生子、就業、養生都不刻意排斥，原因並非「什麼都要」的討便宜，而是有更深刻的理由。其主要論點有二：

第一，現代修行沒有專一教門的神學論，也沒有明確的教門教義，即使作者修的是阿姜查（Ajahn Chah）的南傳佛教，這位現代修行人並不擷取其傳統形式，而只保留其內涵（觀處），這種「毀形取質」的作法已蔚為現代修行的共識。

第二，這個理由比前一個更重要、也更深入，就是將「學習犯錯」當作功課，「清醒地學習犯錯的藝術，引導它們成為心的轉化力量」（本書第六章），這與傳統修行戰戰兢兢地避免犯錯、遵守戒律，完全基於不同的預設立場。傳統修行主張純潔、無垢、無欲，不沾貪、瞋、癡，並避之如蛇蠍；萬一不慎沾染，則自責萬狀，彷彿墜入無間地獄，甚至視之為沉淪。因之，傳統修行視俗世需求為賤斥之物；現代修行則以俗世的生發為對體的力量，透過相互較勁的力道生出修煉的精神力量。俗世的諸般作為是修行者的動力來源，如「懶惰和昏沉是正午之魔，每天午餐之後來報到，我們才有修行的必要。」換言之，現代修行將困境當作修行的滋養品，這不是浪漫的思維，而是所謂「真正的力道」的生發。

現代修行受尼采哲學的影響，講究「真正的力道」來自逆境的阻抗，也就是「反力」的作用；不僅如此，有些修行主張進一步借助黑暗的力量，如拉岡（Jacques Lacan）精神分析裡的巔峰欲物、克莉斯蒂娃（Julia Kristeva）的負性（negativity）作用。現代修行接受苦難的折磨，並在其中轉識成智。這並非苦行，而是苦中行。苦行意識是自己去找苦頭來磨練自己，算是模擬訓練，而非實戰；「苦中行」卻是真正的苦集滅道的運作循環，苦難是動態的過程，它帶來的苦痛必須進入實修，這與一般僅動腦想像的修煉完全不同。苦痛的實修不再仰賴書本或教條，甚至也非任何冥想或想像的修煉，而是隨著苦痛的進程進入「真實本心」的運動，這才是實修。因此，走入黑暗是實修，而端坐禪室卻不見得是修行！

作者舉了兩個例子來闡釋這點，令我頗為欣賞。他舉耶喜喇嘛在加護病房被藥物擊垮的臨終感受，「我的心靈像反對神的異教徒，我的話語如狂吠的老瘋狗。」唯其領悟到必須沉靜以對，才逐漸獲得安寧；鈴木大拙臨終前亦言，臨死的痛苦掙扎不是問題，修行人毋需羞恥。這與傳言的「臨終示瑞」的莊嚴法相完全相反，卻是道地的修行。

修行可以如此令人動容，並不是因為修行者每天坐禪守戒，而是修行者的心能讓他自由地做任何事，而且充滿靈性的真實。在本書第十三章提到瑜伽行者維瑪拉・沙卡爾，她曾隨克里希那穆提（Jiddu Krishnamurti）修行，成為瑜伽師，但不久後又回到農村服務。她並不在乎自己是否以瑜伽師的身分修行，而是「當我看到農民沒東西吃而挨餓，沒有乾淨的飲水而生病，我怎能不停下來回應這苦難呢？」相對於這種令人動容的修行，則是徒具修行形式的「假靈性」：假借靈性逃避自己的弱點，或者沉溺於某種境界，無視眾生之苦。

若要破除假修行，我們只消從日常生活中反省哪些部分缺乏慈悲喜捨，我們甚至可以從性愛中體驗慈悲、從營生賺錢中體驗喜捨、從最庸俗的工作裡察覺神聖，而不是事先分類哪些行為是修行，哪些不是。誠如前述，現代修行為俗聖兩者所纏繞，我們可以「無我」，也可以「有我」，兩者表面矛盾，卻都必須真實地實現，人才能覺悟。傳統修行過度強調「無我」而陷入空虛的概念，所謂「無我」的本質其實是諸種我的流轉，亦即各種的我不斷蛻變，我只處在蛻變的自由裡，我如潮汐般無常，這裡既有我、也沒有我，我只是「心無所住而生其心」的來來去去，我的真如就如此般望盡千帆；是夢也行，是暮靄也好，是朝露也罷，是呼吸之間亦可。只有不以任何方式執著，或者如大圓滿（Dzogchen）教法的理論，讓本然之心安住在閒散的狀態下，就是修行的功夫。

本書在區別修行的真相與假相方面有相當獨到之處。傳統修行蒙混了許多似是而非的假修行，例如在喜捨方面，許多慷慨解囊的心思卻是自私自利，人們常送出去一些，然後冀望收回來另一些，表面上喜捨，骨子裡卻巴望別人的互報；表面上「眾生平等」，其實卻對他人缺乏關注的興趣；表面慈悲，實則濫情；表面隱居修行，實則放任自己的孤僻；表面普渡眾生，實則沽名釣譽。幾乎所有表面上看似修行的形式都可能是假象。作者清楚地區辨修行的真相與假相，其中一項頗值得玩味，即他主張「健康的自我」是修行的基礎。他認為如果沒有「健康的自我」為前提，就無法辨識所有的假修行，造成假修行的矯情、做作、浮誇、虛偽都會拗成修行的「特徵」。因此，他採取有限的慈悲觀，而非濫情的施捨。如此一來，他才能區辨慈悲與憐憫，前者內心溫柔，卻能堅定地對過份的事端說「不」；後者內心激動，無法說「不」，以致事端惡化。

這是一本好書，若讀者因為誤解修行而對修行有所忌憚，本書可以幫你解套；若讀者曾被傳統修行綑綁得喘不過氣，本書可以讓你舒緩身心。順著全書讀下來，會讓人感到現代人能修行其實是最幸福的事，比起醫學上建議的「心理衛生」習慣或通俗的「心理健康之道」，其高明不知凡幾。當我們靜下來，內心通透，比起那紅塵裡的吃喝玩樂，可以想哭，可以想笑，充滿了自由。

（本文是為張老師文化出版之《踏上心靈幽徑》所寫的推薦序）

《智慧的心：佛法的心理健康學》

The Wise Heart: A Guide to the Universal Teachings of Buddhist Psychology

作者：傑克．康菲爾德（Jack Kornfield）

譯者：周和君

出版社：張老師文化（二〇一〇）

優質的心理衛生學

廣大的虛空是最大的神性，而儒家的本心，如惻隱、是非之心則是小小神性。體會大虛空的修行是內心的禪定，讓心無所住而流動、清空萬里，一切通澈，是大神性，只有在深度入定才體會得到。在人間，我們見苦難而生慈悲心，見孤苦而生陪伴膚慰之心，都是小小神性。但神性大小無關宏旨，重點在於步向神性的修為：安住、覺照與正念。

近幾年來，台灣輔仁大學哲學系傾力發展哲學諮商（philosophical counseling），韓國國立江原大學發展人文治療（humanity therapy）以及日本大阪大學發展臨床哲學（clinical philosophy），慈濟大學則設立「人文臨床與療癒研究室」，試圖將過去被視為書齋學問的人文學帶到臨床領域。在宗教領域，基督教的牧會諮商更是源遠流長，是現代諮商的濫觴。以台灣為例，基督宗教的「靈性療癒」漸次發展，而佛教朝臨床領域發展則以安寧照顧為主。然而，近幾年來，台灣出版界對佛教心理諮商的推動不遺餘力。「療癒」（非治療）儼然成為顯學。

本書作者康菲爾德（Jack Kornfield）在近幾年也逐漸為人所知。當初幼獅文化翻譯康菲爾德的書《踏上心靈幽徑》，居然乏人問津，直到二〇〇八年張老師文化重譯此書，才開始流行。

康菲爾德曾在泰國叢林跟隨阿姜查（Ajahn Chah）修行多年，返美之後攻讀臨床心理學博士，並結婚生子。現居住在舊金山。本書是他繼《踏上心靈幽徑》之後，有系統地整理出一套佛法心理衛生學，裡頭每章都附有練習，也可以說是自助式的佛法心理保健之道。雖然他的論點以阿姜查的修行法門為主，但是他對宗教分門立派顯然不感興趣，這是現代宗教的特色，大家盡量避開傳統宗教的分野，鼓勵宗教會通。

康菲爾德的佛法心理衛生學可歸納出二十五條法則。但是這只是為方便而舉的綱目，無須看得太認真，真正的精華在幾個關鍵點上。從台灣的風土民情來說，我們有太多的創傷經驗，可是我們的問題不在於逃避災難，而在於面對苦難的態度。佛法心理衛生的重點在於把創傷轉化為慈悲，許多媒體透過受看者的哀嚎、不肯寬量、怨恨將創傷加深，而一般的心理治療則是想辦法減輕創傷，可是佛法心理衛生卻能導引受創者轉化：

最令人驚訝的是那些曾被監禁與刑求的尼師與僧侶的反應。根據哈佛心理學家所做的一項研究發現，他們當中只有極少數人，甚至根本沒有人出現常見的受創反應，反而是更深化其慈悲心，以及對生命充滿喜樂的感激。他們修習的慈心觀、大悲心，以及智慧，讓他們願意為自己的敵人祈禱。（第二十四章「覺醒的心：天生喜悅」）

我們怎麼把自己撐起來？

許多人以為：將佛法化成某種撫慰技術，就可以做為佛法的入世關懷。這是個錯誤觀念。真正的佛法是透過澈念而產生的心法，佛法本身沒有文字、儀式或影像，只有慈悲。真正的佛法是讓慈悲得以實現的種種心法，而非長篇大論，亦非神祕的儀式。

活著本身就很困難。就以人希望的自由來說吧，那真是困難重重，難不在外在的壓迫，而是我們無法掙脫的各種束縛本身即是我們的存在條件，擺脫束縛往往會將我們引以為習的生活破壞，所以，人希望的自由總是困難的自由。佛法心理衛生則是以鑽研靜心解脫。許多人視解脫為無物，以為擁有才是成功幸福，這種顛倒使許多人身陷其中難以自拔，但助人的俗世心理學卻不置一詞，視而不見。

自我一直都是難題

佛法的慈悲不在於是否心生慈悲心，而是「自我」這個難題。我們的「自我」是個「偽幣」，它錯誤地被視為「我的實相」，實則是從他人轉反映來的「自身」。這是老天用這種奇妙的手法為我們建造的「自身」。佛法的基礎就在萬物彼此締結，而締結的方法之一就是「運用他人形成自我」，這並非簡單的鏡像邏輯，其複雜的程度超過我們的想像，亦即，並非我父母如何待我，我就會變成怎樣。例如以本身作者在個性不和的父母爭吵下成長，他的自我是在厭惡爭吵之下不斷地峰迴路轉。一方面自我由他人制約，一方面自我又是個感應機制，有反抗也有順應。可是無論怎麼糾纏，許多佛法的實踐者都採用當機立斷的「持敬」工夫。無論是達賴喇嘛或是阿姜查，都以「保持尊敬」的心做為覺照（mindful）的工夫。

佛法的尊貴在於它比任何人類知識或思想更明白地顯露慈悲的必要。

為何需要慈悲？

首先，人的自我遺忘使得人與生態的交互性被忽略了，而佛法則徹底要人類認識萬物的相互締結，甚至清楚地表明「自我」來自他人而非自性，乃至無自性。我們的自我主張其實猶如「滴水入水」，龐大的水分子彼此關聯著時空、能量、鍵結與分裂。

人的傲慢與自我裡的「被瞧不起」密切關聯著，人的謙虛與自我被善待的部分相關聯。我們自私是因為感覺到被掠奪著的自我，我們自利是因為感受到自己的匱乏、他人的不給予。真正的佛法是：當你感到窮困時，你反而應當努力義助他人，而獲得自我的豐盈。這道理很簡單，窮困讓人貪得，一心一意想從他人口中奪下麵包，但此掠奪性的獲得只是讓擁有物增加，自我因為掠奪他人而感到空虛，因此，增加擁有物並不能使自我感到充實。但是給予他人卻反轉成自我的充實。奧妙在於：在萬物締結的世界裡，自我的充實帶來世界的歡迎，締結的事物會以凹面反過來保護窮困者，此時，窮困者將受世界的福報，窮凶者則造成惡極。

神性的擁抱

換個說法。我們受傷的自我需要「神性的擁抱」，那就是慈悲。

所稱的「神」並非一般宗教的神祇，而是自我的陰面。許多人誤解自我的陰面是自己的缺點，是自己的陰暗面，事實剛好相反，我們的自私自利剛好就是自我的正面，我們追求成功，就是自私自利的完成。而在這正面的世俗卻隱藏著神性，如惻隱之心、不忍之心、天良之心。這神性被認為是被自我遮蔽，其實不然。神性的存在如同我們的邪惡，都是自我的構成，甚至相應相生。人不知其邪惡，則其神性必然也無影無蹤；例如我們的勇氣仰仗的是我們的脆弱。一般心理衛生討伐懦弱，那是片面的知見，以為勇敢膽識是怯除懦弱的利器，這是淺薄的認識論，在卓知的認識論裡，膽怯才是勇敢的根源，多少勇敢但看你有多少恐懼。害怕打針的孩子在哭怕之餘，用眼盯住扎入皮膚的針而生出勇氣，母雞因極度害怕老鷹啄其小孩而奮不顧身。我們的神性隱藏在暗處，我們的缺陷刺激神性。

神性是多元的。依照藏傳或南傳佛教，廣大的虛空是最大的神性，而儒家的本心，如惻隱、是非之心則是小小神性。體會大虛空的修行是內心的禪定，讓心無所住而流動、清空萬里，一切通澈，是大神性，只有在深度入定才體會得到。在人間，我們見苦難而生慈悲心，見孤苦而生陪伴膚慰之心，都是小小神性。但神性大小無關宏旨，重點在於步向神性的修為：安住、覺照與正念。

安住

最有益的修為是「安住」。這「安住」指的是讓意識儘量降低其捕捉、攫取的頻率，讓意識如見雲煙的過去，一般簡單的清閒靜坐就可以做到，無須到入定的程度。安住不是與萬物疏離，而是體會到萬物一起流轉，范仲淹在岳陽樓看湖的心情、李後主獨上小西樓的心情，杜甫的「城春草木深」的感慨都可以體會安住之一二。有一天傍晚，我見到一位老農夫對著向晚的黃昏夕陽閒坐，其神態之安定，我在剎那之間驚為天人。在專心工作之後，心無所繫的閒逛街頭、鄉間漫步，可說是最佳的安住訓練。

覺照

人能安住是因為隨時覺照。許多人覺得覺照很難，其實是心猿意馬。人隨時都可以覺照：走路輕緩慢，睡覺輕緩躺，吃飯靜心，說話聲細，工作專心都屬覺照。甚至你看日本料理師父切生魚片的心情，都可以說是覺照。在台灣許多美食節目的喧嘩、粗糙的對待食物以及急忙的吞嚥，都使「覺照」消失得無影無蹤。

正念

正念並非根據某些正確信念來行使的，正念是一種心態，是自己跟自己最真實的部分相處的態度。例如，當我們因為某事而心頭煩亂，會出現「亂念」，整個看事情的心態全都亂了套。此時的「正念」是把自己重新擺正，如呼吸一下、放鬆一下身體、暫時放掉「亂念」，在草地走走，等安靜下來，重新看事情，這過程就是「正念」。許多人吃飯狼吞虎嚥，但若能瞬間放下食物，仔細體會自己身體的感覺，如果飽就離開，如果餓就繼續進食，能慢條斯理欣賞食物的滋味，以悠閒的感覺進食，這就是「正念」。所以「正念」不是指什麼「正確的念頭」，而是「察覺已身，自我導正」。如何為「正」殊難界定，但傾聽身體的聲音或「願有良知」，都可以產生正念。

從最簡單的情況來看，正念是很好的保健之道。我們的身體必須被我們察覺之後，如發現有問題就需要調整正念過程，剛好就是最佳的調整。許多人寧可聽信話語，把身體交給外物，如服用保健食品、各種保健藥丸。我們把這些東西吞入而不理會身體訊號，立刻會出問題。身體的調整往往可以透過正念過程，將微細的身體信號體會出來，依照感覺來調整。雖然醫師常強調身體感覺不是可靠的信號，但是我們不可能每天作儀器檢查，正念的保健剛好補滿這一塊。

正念的精神領域是專注。當我們靜下來體察身體，我們首先會越過知識的障礙，把知識性的影像、觀念排除，以比較赤裸的直覺梭巡於自身的存在感，一旦赤裸地接觸到存在感，專注就會發生，所以無論是閱讀、靜坐、行走、做事，都會有同樣的專注。這個層次的正念是善知識的正念。

許多人在生活飽受摧折，上班族下班之後的喝酒、夜店狂歡、唱卡拉ＯＫ、演唱會瘋狂等等，都一再加深其摧殘。年輕人衰敗得很快。

我們曾見過當進入甚深禪定境界時，喜悅如何自然而然湧現。學生們描述他們的經歷包括：全身震顫，喜極而泣，陣陣清涼感，內心蕩漾狂喜漣漪，輕飄飄的喜悅，如碧綠湖水般的喜悅，身體激動，感恩的喜悅，自在與歡樂的喜悅，以及寧靜的狂喜等。他們述說自己身、心、靈的喜悅，世界之美的喜悅，以及看見他人快樂的喜悅。（第二十四章「覺醒的心：天生喜悅」）

正向心理學還不夠好

綜觀全書，以我多年的經驗，這是一部比正向心理學還深刻的心理衛生學，也是東方獻給世界的珍貴禮物。雖然是由西方人來寫，但這無關緊要，西方人有足夠的詞彙與體會將南傳佛法以更清晰的方式來表達，毋寧是個好現象。中國人自有一些宗教文化的習氣，對佛法流於空談或心智的遊戲，已經逐漸不足為取，西方人的犀利理性，亦對佛法會出現閉塞之處。

本書不能說沒有缺點。本書提供二十餘個練習，每個練習看起來就像正向心理學的練習技巧，反而與人不切近的感覺。我建議讀者對那些自我的激勵的話語不必看得太認真，對那些指導默念詩詞也無須遵行，在自然的情況之下，自然會有一些自己說給自己聽的話，那才是正念之道。

（本文是為張老師文化出版之《智慧的心》所寫的推薦序）

《陰影效應：找回真實完整的自我》
The Shadow Effect: Illuminating the Hidden Power of Your True Self
作者：狄帕克．喬布拉、黛比．福特、
瑪莉安．威廉森（Deepak Chopra, Debbie Ford, Marianne Williamson）
譯者：謝明憲
出版社：天下文化（二〇一一）

超越陰陽，身心統合

所謂轉化，指的就是陰陽反轉。當經歷轉陰為陽的過程之後，人的成長方向會朝向整全發展，這樣的整全人格會放棄道德主義與放任主義，而以橫跨陰陽的廣闊視野遊戲人間。

國際貨幣基金組織總裁卡恩因性侵被捕，新北市周姓議員因嫖妓被錄影勒索，小甜甜布蘭妮墮落為蕩女，玉女歌星酒井法子吸毒，被發現這個玉女身體私部刺青，並與多人宣淫。這些層不窮出的案例絕非僅有，將來我們會面臨更多的「難以想像」的情況，但這些情況已經不再是某些人個人道德的問題，而是涉及現代人如何「做人」的問題；而這些問題也不是單純的道德問題，而是涉及個人成長更深化的危機時刻。

人類在社會裡的「做人」，是很弔詭的事。當自己爬上所謂成功的梯階，我們就進入一個很奇怪的位置，以為我的真實存有與這個位置是共在的，殊不知這只是個魔咒幻覺，錯把自己等同於這個位置的光鮮亮麗，其實真實的自我反而不在這個位置裡。當這位置是愈加顯赫，真實自我卻益發逃逸。這種榮耀淘空了自我真實的現象，其實是自己設下的陷阱，因為我們透過自我幻象給自己佈下了幻相。

但在傳統社會，人類的思維過度平面化，經常把公共領域的自我（如職位、角色、自我設定……）無限延伸，以致於有過度強調人格的一致性，以為有一致的人格就會有統整的自我，其實並不然。一致的人格只是某個人格剖面的平面延伸，與實然的人格多元樣態不符。

我們在光鮮的「正面」形象裡形成一種鏡相自我，我們注視著自己的鏡相，以為自己就在那裡，但真實的自己卻躲在陰暗的角落：一個政治領袖可能有著被冤屈的童稚之心，一個宗教大師可能私藏旖綺之念，一個大企業家可能自卑羞怯。把鏡相當做全部的自我，會造成個人的悲劇，是非常不智的錯認。但是在傳統社會，人類的思維過度平面化，經常把鏡相錯認為全部的自我，而造成個人的悲劇。

超越道德，陰影效應作為自我危機的提出

我們可以把陰影視為一股湧動的暗潮，在太陽底下不見蹤影，可是卻在不見之處轟隆巨響：看到某個同儕高升榮華的暗自不爽，既酸又羨，見自己討厭的人沒有受到應有的處罰的憤怒，這些暗流往往披著理性的外衣而形成的説詞，其真正的成分是衝動的感覺。西方心理學喜歡用「投射」來反映這些衝動，例如討厭的人可能是暗處的自己在迴避之餘所做的「外射」，亦即我們會透過對外投射產生的外化錯覺，形成反光的鏡相，而將暗處的非法性隱匿起來。

佛洛伊德（Freud）以及法國精神學家拉岡（J. Lacan）對暗處的著墨甚深。佛洛伊德的個案都有被佛洛伊德揭露的陰影。在「狼人」的案例，個案在三歲時瞥見父母做愛，留下驚恐深痕；小漢斯怕馬，被佛洛伊德偵察出戀母的可能情結；少女朵拉的不倫慾望等等，使西方文化開始接受暗處風雲的真實性。

華人文化則走不同的路。我們明知有暗處，但只是告誡一下：「勿欺暗室」，就囫圇吞帶過，或含蓄地説：「君子慎獨」，意在不言中。清末民初，雖有鴛鴦蝴蝶派的婊子無情、揭醜派的《官場現形記》、《阿Q正傳》之類的嘲諷小説，但正視陰影暗處的探討並未展開。

兩個類型文化相較之下，西方對暗處陰影的開發予其子民一個轉化的機會，因為對陰影存在而焦慮不安，使得人不得不尋求超越之道。東方避開暗處，也減少庸人自擾的煩惱，但也往往陷入平面化思考而不自知。本書提供華人重新反思，也算重要貢獻。

陰陽反轉是關鍵

西方承認人性的陰暗面，大抵從宗教靈修的修道人開始。他們隱居在修道院，終身反思，很快就發現內在有許多齷齪不堪的黑暗面，它們統稱為撒旦的誘惑。撒旦的誘惑直接來自內心，因此必須透過苦行將之驅逐。

一直到榮格才公開倡導容納黑暗的力量。許多人不解，為何黑暗是一種正向的力量而非破壞力？美國人文心理學界在六十年代流傳著一個英雄神話，敘說英雄小孩在正面的力量裡成長，到了青少年期，他必須以叛逆之姿下墜到黑暗之谷，歷經各種橫逆，終於擒獲內心的巨龍，讓英雄騎龍返回地上，而完成英雄的成長。這種下墜螺旋而上的成長模式與美國文化互相契合，年輕的叛逆總蓄積潛在的能量。

八十年代的人文心理學與非神論宗教靠近之後，復經安寧照顧的生死學洗禮，黑暗的力量透過病魔的折磨而被發現，原來黑暗的力量是不能直接使用，而需透過困阨疾苦來轉化心性，使得黑暗的苦難成為恩典，這個過程猶如下到黑暗之谷的英雄，征服了內心不馴的巨龍，然後乘龍而出。

自我轉化是容受自身黑暗力量的關鍵。因為在正常情況發展出來的自我並沒有能力認識黑暗力量，最簡單的情況是，當你被別人批評時，你一定極力自我辯護，甚至在明知的情況，被別人說出自己的缺點，也會惱怒，主要是我們的自我要維持一個正向的自視自恃（positive self-regarded），也就是一般所謂的自尊心。愈是幼稚，對自尊的護衛愈是盲衝，常常不辨情況、不分青紅皂白，只求自尊無限上綱。

人所謂「練達」必須歷練明暗兩個世界，方能練就。在其胸壑既懷陽也懷陰，也就是一般我們所謂的「整全」。這樣的人不否認他的好色、耍詐，但有色有情，卻見一番規矩，耍詐而守情意，好色卻知所節制，這就是他們常被稱為江湖豪傑，好事壞事皆來，千山萬水，虛虛實實，真真假假，自然不是什麼名門正派，卻是又正又邪的英雄人物。金庸的武俠小說，特愛描寫這樣的人物：東邪黃藥師、西毒歐陽鋒、楊過……。金庸對名門正派冷嘲熱諷，不是冬烘不知權變（如峨眉神尼），就是明的滿口仁義道德，背地裡幹盡壞骨子的事（如岳不群）。

我不認為這是金庸個人的偏好，他對人的評價是有生命經驗為理據的。他的英雄的成長極為坎坷，歷經各種折磨而獲得轉化的機會，而不是安安穩穩的躲在保護網裡。

所謂轉化，指的就是陰陽反轉。當經歷轉陰為陽的過程之後，人的成長方向會朝向整全發展，這樣的整全人格會放棄道德主義與放任主義，而以橫跨陰陽的廣闊視野遊戲人間。一般咸認，人格裡能陰陽兼容並蓄的人比較能解放，可伸可縮；你可以拒絕也可以接受，你可以節制也可以自由，你可以愛也可以不愛……。

一般所謂正常自我，其陽在上而陰處其下，陽者在明處而陰在暗處，謹守這個規矩是一般常人，一旦遭逢巨變、在橫逆磨練者，他們有機會被迫經歷陰陽兩面，而真正的痛苦逼使他們轉陰為陽，視不幸為恩寵，真正體驗黑暗做為動力（momentum）的時刻，聖徒小德蘭在荳蔻之年罹患惡疾而更深靠天主，台灣的道證法師在癌症裡有阿彌陀佛相伴的喜悅，這是極端的例子，而不同程度的陰陽反轉時有所聞。

陰陽相合做為身心保健之道

除了逆境之外，很少有刻意的方法去逆轉自己的暗處。有時歲月的折磨會讓人在不自覺之中改變。暗處的存在本身並不太受認知的影響，即使累積知識也無法撼動陰影的斑駁晃動。目前所知，陰影之所以會稱做陰影，乃是那是一股內在的感情流，這股感情流無法以意義顯露自身，也就是說，這些感情流無法以人類理性的符碼來牽動。這股感情流的源頭非常複雜，包括各種腺體、神經傳遞物質、離子濃度等，它們會在某種狀態爆發衝動。

現代的研究要讓陰陽平衡的方法，除了生理上的調整由專業醫師透過生理指標調整之外，身心靈的平衡則多少藉助一些心理技術或宗教方法。榮格主要是透過夢的解析來切進陰暗面。榮格式的做法並不是由夢景來分析，而是從夢思及其氛圍下手。夢是人類主體樣態顯現的一種存在，失衡狀態經常會在夢裡出現下墜、掉落的急迫感，而許多陰陽阻塞無法互通，則呈現反覆尋覓、被追趕、遺落或無法處理的惶惑（如面試不會回答、發現不會答考試卷、沒準備就參加考試等）。這些主體的樣態可以是為身體的原初意象，也就是說，身體跨器官的綜合透過身體的情緒來表示，如偏陰暗面會出現鬱、寒、冷、清等身體情緒，偏陽面則出現躁、熱、急等身體情緒，而身體情緒需要一個舞台來顯現，夢思及其氛圍就是顯現的舞台。不取夢景而取夢思，主要是夢景繁複多變，反而對身體情緒產生遮蔽。

最近腦科學家提倡內觀或靜坐。他們的理由是：生理的諸器官，特別是腦部的綜合協調需要一種近乎身體自然的方式來運作，內觀（mindfulness）、吟唱、頌缽、七弦琴都有類似的效果。蘇非旋轉、心輪靜心、靈氣，也多有人提倡這些活動都會出現自然的釋放、消解。如蘇非旋轉被證明具有清心淨化的效果，那些怕髒、易生厭惡的陰暗體質會因蘇非旋轉而獲得改善。頌缽對陰性體質也有幫助，主要是因為缽的陽性波可以用來綜合之故。心輪靜心可以減少混亂的心靈，七弦琴吟唱可以消解怨恨。

至於本書（第三部分）主張用《奇蹟課程》來做切入，我想這是個人見仁見智，讀者可依自己的機緣、偏好而定，無須人云亦云。

（本文是為天下文化出版之《陰影效應》所寫的推薦序）

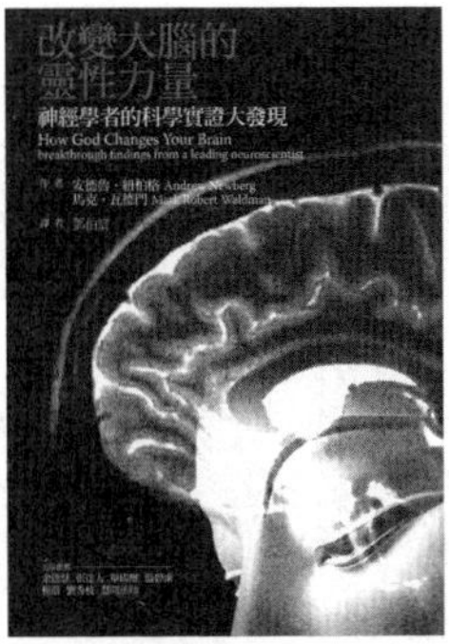

《改變大腦的靈性力量：神經學者的科學實證大發現》

How God Changes Your Brain: Breakthrough Findings from a Leading Neuroscientist

作者：安德魯・紐柏格、馬克・羅勃・瓦德門（Andrew Newberg & Mark Robert Waldman）

譯者：鄧伯宸

出版社：心靈工坊（二〇一〇）

靈性實在的揭祕

靈性療癒要做得對，就要看他的身體修持做得如何。其實，神佛不是抽象概念，更非玄之又玄的「他界實在」，而是在道地的身體感受，或者更確切的說就是身體感悟。這是「道成肉身」的取徑，也是一般所謂比教「對」的靈修。

身體修行

在我多年研究靈性療癒，這本書是比較「對」的書。靈性療癒要做得對，就要看他的身體修持做得如何。也許「身體修持」是個奇怪的字眼，許多修持不是要神佛加持，如何是身體修持？其實，神佛不是抽象概念，不是被畫出來的圖像，更非玄之又玄的「他界實在」，而是在道地的身體感受，或者更確切的說就是身體感悟。這是「道成肉身」的取徑，也是一般所謂比教「對」的靈修。其餘宣稱預測、天眼、神祕感通等等，與其說是靈性，毋寧說是裝神弄鬼。

美國人的說法

這本書是順著美國腦科學的蓬勃發展所衍生出來的說法。近年來美國文化的精神領域都被投射在大腦上，而大腦神經的複雜，既能具某些特化，也具有隨遇的可塑性，這兩個特性提供腦科學家許多想像空間，然後延伸到靈性領域。我必須提醒讀者，本書採用的說法是將腦部的人格功能與靈性訓練（如靜觀）直接勾連起來，這是個簡約的做法，省略掉許多複雜的問題，因此，我們多少要警覺到，這些說法並不如表面文字所說的那樣肯定。

一個關鍵命題

有一個基本命題決定了本書對靈性實在（即「神」）的定位：「人類的大腦似乎很難分別虛幻與事實，一些明明不存在的東西，總是看得到，有時候分明是真實的，卻又看不見」。大腦的機制無法區辨虛實，只要是作用在丘腦的，大抵是感情與無意識的，只要是作用在屏狀核（claustrum）的，總是屬於可意識的、概念的。但無論何者皆可為大腦的內在真實。

靈性可說是腦內真實最奧祕的部分。吉兒・泰勒（Jill Bolte Taylor）栩栩如生的報告，使腦科學家相信，靈性奧祕就在大腦的某些機制裡頭，傳統認為靈性奧祕存在於另類存有的信念也遭受否定。腦科學家帶來的轉變使得靈性奧祕必須內求，於是流行於西方的mindfluness（覺照或內觀）成為腦科學所欽定的內在修行。

衝撞出神

值此之故，靈性奧祕幾乎等同於神。簡約地說，本書作者假定大腦存在「神」的神經迴路，在某種衝擊之下會出現接通狀態，就如吉兒・泰勒在中風之後出現大慈悲與宇宙感。但是中風的人那麼多，為何只有這麼少數的靈性報告？一個假設是「某部位理論」——只有在某個部位接受衝擊時才會有的現象，第二的可能是神的迴路所給出的敏感不同，中風病人可能不知道涅槃的感覺，而以其他方式表達，第三個可能是，人工化的人腦已經喪失「神」的感應覺照了。

這一點是本書沒有太強調的部分。靈性的神迴路不是借著宗教生活的讀經、祈禱、念佛或者誦經而開啟的，更不是透過大腦的凝思而建立的，相反的，就如吉兒泰勒，是被衝撞出來的。但是衝撞的含意甚多，並非只有像中風、重病才叫衝撞，喬達摩（世尊）以養尊處優的生活處境突然接觸到死亡、貧窮、疾病等苦難產生的撞擊也是不同凡響。美國心理學之父的威廉．詹姆斯（William James）是在苦悶之間，無意間開衣櫃的瞬間進入「神」的迴路，十九世紀初的美國精神醫學會主席伯特在訪友返家的半夜，突然進入類似吉兒．泰勒的涅槃境地。我們無法解釋為何神的迴路是如此意外開啟，唯一確定的是：神的迴路不能在人類的意識造作完成。

既然如此，本書所提供的修行方法應該看做身心保健之道，其妙處是以靈性修持來保持身心安適，這方法的好處是以大搏小，因為靈性修持的脈絡比較寬廣，用來持盈保虛，綽綽有餘，與一般為身體健康而做的肉體訓練的捉襟見肘，的確高明許多。其所謂「靜觀」大抵就是西方目前流行的覺照，可說是身心靈修行的入道法門，普遍受到肯定。

（本文是為心靈工坊出版之《改變大腦的靈性力量》所寫的推薦序）

脈伙（mindful）的生活

「脈伙」（mindful）是一個東方概念被西方重新安置的「新瓶舊酒」。Mind並不是心智、理性，而是禪者所謂的「心」，這個心被察覺、被體驗，然後被精緻地對待。

近幾年來，歐美興起一股「脈伙」的熱潮。這股熱潮看來會漸漸蔓延開來。「脈伙」是英文字mindful的直接音譯，意思是「在生活裡採取一種非常精緻的內在觀照」。在華人文化，早八百年修禪的出家人大都懂得，打坐的心思要非常清明，禪師常用「了了分明」來形容。不過，這些禪師並沒有注意到他們靜坐所發現的「脈伙」有不可思議的力量，反而一心一意要找「開悟」之道，有時反而會遍尋不著。

「脈伙」是一個東方概念被西方重新安置的「新瓶舊酒」。簡單的說，西方社會的心靈尋覓者發現東方智慧，如印度瑜珈、西藏教法、中國氣功、日本禪坐、中東蘇非與各種密教，而總結出來的一種西方人可以理解的概念Mindfulness。Mind並不是心智、理性，而是禪者所謂的「心」，這個心被察覺、被體驗，然後被精緻地對待。

為了讓讀者瞭解，我簡單地以食物的料理說明。假定你前面有一條魚，你怎麼處理它？華人很直覺的會說，就將之洗乾淨、去鱗、清腹，就可以準備下鍋。但是，你注意到日式的料理師會反覆地摸撫著魚肉、撫順魚皮，然後以精巧的刀工將魚肉取出。取出的魚肉被處理得乾淨清爽，形狀方正方圓，就像一塊讓人爽眼的藝術品。無論等一下這些魚肉是被拿來生吃、燒烤、煮湯或油炸，華人的慣常作法與日式並無太大差異，唯一就在這前置作業。華人習慣整條魚下去烹煮，而日式的作法則是以割烹為主。這個差別就在「脈伙」的作用：脈伙的心是不急不緩、了了分明地將眼前的事物處理，因此經過「脈伙」的事物不會出現粗心大意、隨便、忙碌的意味。

華人社會只有在某個修養階級才會出現這種「脈伙」的概念，例如宋明道學家往往會注意這種「內心氣象」，但一般庶民就很少理會。例如，在「脈伙」的意識裡，把忙碌、慌張、緊繃、急躁等生活「哈梭」（hassles）的情態視為病態，但在一般人只知忙碌生活，卻很少注意其弊。這些被醫學證明為癌症、心臟病、慢性病殺手的生活哈梭，已經成了歐美全民的公敵。歐洲的步調緩慢、人民好休閒，處事幽默，表面上是有錢因而有閒，其實我們如果深入他們的生活去體會，錢不是最重要的因素，而是他們對「脈伙」的察覺。

台灣經歷三十年的經濟起飛，人們普遍心力交瘁，所以一旦西方的「脈伙」文化傳入，立刻掀起一片驚艷之聲。可是由於沒有統一的命名，有人譯為「內觀」（往內觀想），有人譯為「覺照」（尤其是宗教界），有人譯為「覺醒」，不一而足。本文乾脆音譯，以示不偏不倚。無論如何，養生人士開始學習在生活中「處處脈伙」，如吃飯吃得簡淨，生活在有事之間顯示「無事」的從容，衣服也朝極簡發展。看這著這些「脈伙人士」，你忍不住會回溯到當年武當山的道觀之士，也忍不住回想魏晉的竹林七賢，他們經營著閒散的中心，一席長衫、隨處漫遊，等待遷化。

今者所謂「幸福」，能無「脈伙」乎？一念。

（本文原載於中國《心理月刊》，二〇一〇年八月）

身體情緒：膚慰身心的關鍵詞

自古道家養生重視身體，但是他們的身體並非指的是肉體或生理，而是透過身體綜合作用而溢出的人文空間，這人文空間佈滿身體的周遭，與身體的作用隨伴而行，我們稱之為身體氛圍，而這身體氛圍牽動的正是所謂「身體情緒」。

在歐美的心理學喜歡研究減輕壓力的方法，主要是他們的社會過度繁忙，每人的神經緊繃。在中國社會，為事情操煩忙碌也是常態，只不過中國式的減壓法與洋人完全是兩套。許多華人心理學家程度不夠，只懂得抄襲洋式作法，搞什麼身心放鬆、催眠等把戲。洋人懂得的往往是肌肉筋骨，而華人懂得的卻是氣與經絡，這兩種抒壓法完全背道而馳，洋人放鬆筋骨是以休閒為主，如度假、曬太陽、作木工、遛狗等筋肉鬆弛的活動，華人的抒壓卻含有養生的意味，無論太極、按摩、洗藥澡等都對著經絡的走向，不重視筋骨的變化。

自古道家養生重視身體，但是他們的身體並非指的是肉體或生理，而是透過身體綜合作用而溢出的人文空間，這人文空間佈滿身體的周遭，與身體的作用隨伴而行，我們稱之為身體氛圍，而這身體氛圍牽動的正是所謂「身體情緒」。身體情緒是一種完全貼附在身體感的情感作用。例如冬天躲在棉被裡賴床，就是享受著外冷內暖的身體情緒，這種情緒是喜悅、窩心與舒服。夏天，我們剛入冷房也會立即「心涼脾肚開」的身體情緒。身體情緒所依賴的外在環境叫做「半物」，以一半資質影響身體情緒，另一半則為身體的本己反應，屬於「自我體證」的部分。身體情緒不是一般的情緒，它一定要跟著半物走，所以時間比較短，不似一般情緒可以持久。這也是身體情緒的有利之處，因為是透過環境來影響內心，所以我們可以做一些身體操作，就可以迅速取得效果。

中國文人自古都很能運用身體情緒的力量。明朝袁中道的「聽泉術」即為一例。在「爽籟亭記」裡，袁中道悲其兄去世，自己功名失意，病體初癒，心灰意冷，遂遊玉泉山，看山聽泉。

玉泉初如濺珠，注為修泉；至此忽有大石橫峙，去地丈餘，郵（傳遞）泉而下，忽落地作大聲，聞數里。予來山中，常愛聽之。泉畔有石，可敷蒲（席子），至則趺坐終日。其初至也，氣浮意囂，耳與泉不深入，風柯（風吹樹枝）谷鳥，猶得而亂之。及瞑而息焉，收吾視，返吾聽（指不驚於外物），萬緣俱卻，嗒（失意、沮喪）焉喪偶，而後泉之變態百出。初如哀松碎玉，已如昆絃（弦也；悲鳴之音）鐵撥，已如疾雷震霆，搖盪川岳，故予神愈靜，則泉愈喧也。泉之喧者，入吾耳而注吾心，蕭然泠然，浣濯肺腑，疏瀹（疏通）塵垢，灑灑乎忘身世而一死生（視生死為一，即樂以忘身），故泉愈喧，則吾神愈靜也。

袁中道的聽泉有三個狀態：（一）「其初至也，氣浮意囂，耳與泉不深入，風柯谷鳥，猶得而亂之」，這是通常狀態，身體未曾迎納泉聲，身體的人文空間尚未開啟，只能由肉眼、耳的感官進入身體知覺系統。（二）後來趺坐閉眼數息，「收吾視，返吾聽，萬緣俱卻，嗒焉喪偶」，這迎納泉聲的身體技術開始發揮作用，身體的人文空間沿著聲音的傳送逐漸擴展，開始之時「如哀松碎玉」，後來「如昆絃鐵撥」，接下來「如疾雷震霆，搖盪川岳」，而「予神愈靜、泉愈喧」，（三）最後遍及周身的身體情緒：「蕭然泠然，浣濯肺腑，疏瀹塵垢，灑灑乎忘身世而一死生」，這裡的泠然、肺腑、淨爽、忘生死情都屬身體的人文空間，而不再只是感官的生理反應，而這些情緒亦非懷悲的記憶，而是當前直下的身體感。「神」遂進入沉靜的領域。

涉及身體情緒的「身體技術」甚多，下次再說。

（本文原載於中國《心理月刊》，二〇一〇年五月）

身心適性：你的身體會給出重大選擇

表面上是我們的思緒在帶動被動的身體，但總的算下來，卻發現身體的作用是宏遠的。一生之所謂成敗，我們以為是意志、機運與局勢混成的，可是卻不曉得真正的龐然力量卻來自我們一無所知的身體潛勢。

住在都會區，有些人舒適，有些人難過。我個人居住在台灣台北市三十年，從來就沒快樂過。但自己是個學臨床心理的，內心的不快樂當然得靠自己處理，否則會被説笑話。我注意到讓我不舒服的是開車。以我的個性，開車最舒服是不衝不撞，偶爾塞車也會好整以暇地拿起手邊的書報讀起來，不以為過。可是常發現急性的開車者容不得你悠閒，亂按喇叭、擠車、插隊、緊咬你的車屁股，弄得十分不安寧。這本來不是我的問題，可是這麼一來，我也被逼著亂起來，回到家裡，早就疲累不堪。

都市裡人多，停不到車位，為了委曲求全，只好租車位，每月萬元鈔票就飛了。這種用錢買舒適已經成了都會的生活習性。有人嫌辦公事吵雜，又在大樓租個寫字間兼午休區，兩張萬元鈔也就泡湯了。所以，長久在都會的人，不是愈來愈會花錢，就是窮無立錐之地。中產階級把錢都花在當月花銷，單身都會男女則成為月光族（到月底口袋光光），比比皆是。

問題是：有人快樂，有人不快樂。我在不快樂的時候，就拿本書窩在咖啡館裡孵豆芽，表面上是進德修業，研究學問，真個兒的想找個自己的小天地。二十年前我在美國柏克萊大學進修，也經常與一大堆美國師生坐在咖啡館裡，自得其樂。我雖然有自己的研究室，但總覺得乏味，沒有一杯香噴噴的咖啡香，心就定不下來。我想自己上輩子可能是儒生，香茗、淨几、書卷與優閒的習氣猶在。

後來我徹底地想過一遍，其實打從我有記憶以來，獨坐屋簷下寫字或讀書，都帶給我無比樂趣，花花的世界對我沒啥吸引力。我的身體徹頭徹尾是文的，動不得武。這是透過無意識的身體來作為，由不得我任何「思想改造」。任何熱點我沒有興趣，只會鑽研自己喜歡的東西。其實，這應該是人們最真實的感覺，並引領我們逐漸產生選擇。

我的真實感覺就在某個機緣發生。台灣東岸的花蓮慈濟醫院請我去演講，我第一次到花蓮，央朋友帶我到處走走，只見滿山青翠，流水淙淙，過了一座青山綠水的長橋，來到一個廣闊的大學校園，遠眺青山，清麗可喜。我的身體自此開始運作，半年後我就攜妻轉任這所大學，至於我辭職的學校是台灣第一名校，許多人捨不得離開，我則全然沒考慮。

慢慢的，我才認識到我的身體自己會運作事物。表面上是我們的思緒在帶動被動的身體，但總的算下來，卻發現身體的作用是宏遠的。一生之所謂成敗，我們以為是意志、機運與局勢混成的，可是卻不曉得真正的龐然力量卻來自我們一無所知的身體潛勢。身體潛勢不是西方所謂的無意識，而是身體為了它要獲得安適的條件而祭出的力量來自我調整。以最單純的談戀愛來說，只要對方給身體帶來不安適的感覺，戀愛就會逐漸破局，一句話、一次的粗暴、不體貼、被冒犯、味道不對等等，都是身體體察的感覺。儘管我們為了禮貌強力壓制這些感覺，但只消假以時日，它就會形成沛然莫可禦的力量，可能在一次的不經意的小拌嘴就決定分手。

所謂「傾聽身體的聲音」，大概就是如此吧！

（本文原載於中國《心理月刊》，二〇一〇年十一月）

《遠離悲傷》
作者：鄧美玲
出版社：心靈工坊（二〇一〇）

悲傷的身體工夫

許多失落的傷痛者在意識上覺得自己已經度過哀傷，可是心裡有一種慘惻說不上來。這時候，意識的勸慰已經無能為力，因為這股停留在身體的殘餘，既無符號能力來與意識接頭，也不接受任何外來符號的節制，換句話說，是股體內莫名的緩慢流動。這股莫名不接受溫言安慰、輕柔音樂以及任何教誨。

二〇〇九年九月，慈濟大學人文臨床與療癒研究室召開一次「人文臨床與療癒」論壇，主要的議題是如何將人文學導入療癒世界。療癒文學這個名詞，在近幾年已經有人逐漸提起，與療癒音樂、療癒藝術慢慢為世人所認識。那次的會議，執行長余安邦教授邀請了鄧美玲提出報告，在她報告結束，全場掌聲如雷，在場的人備受感動。

也因為這個緣由，許多人開始探詢美玲的哀傷書寫集子《遠離悲傷》，這本書在十年前曾付印出版，可惜出版後的出版社隨即關門，本書成了孤兒，知道的人不多。由於會後要求買這本書的人太多，心靈工坊決定再次出版。有人很好奇，美玲的哀傷已過，事過境遷，還有出版的價值嗎？

我個人是臨床心理出身的，教學生有關各種心理問題的經驗也有十餘年，而最能把心理過程刻劃入骨的卻是文學創作者。在有關傷逝方面的作品，都有非常傑出的表現，如蘇偉貞的《時光隊伍》（傷夫）、李黎的《悲懷書簡》（傷子）都屬動人心弦的重要療癒文學，而初讀美玲的《遠離悲傷》，其深刻之處令我們這些筆拙的心理學家為之汗顏。

問題也許不在文筆，而在於自審的細密心思。台灣臨床心理經驗一直有個視盲，臨床心理師只看到症狀及其標籤，很少深入病人主觀的世界。美玲的悲哀並非用來印證一般臨床觀察的印象，而是將臨床觀察帶到更深刻的層面。其中涉及到哀傷過後更大的混亂：「在旭昇走後幾年，風浪稍稍安定，我便以為人生最嚴苛的考驗我都通過了，再也沒什麼好害怕。沒想到我的路才剛剛開始呢！隨後接踵而至的，不是事件，而是來自根性裡的、各種紛亂的心念和感覺，我得一層一層把它剔除……像我這樣天資差，加上盤根錯節、貢高我慢的根性，若只從文字知見上尋求了悟，未能以身體為實修的介面，反而會自以為是、越纏越深，即使能挖到深處去，也紋風動它不了。」

許多哀傷治療理論也都注意到這個現象，但是治療理論往往根據邏輯推論，認為應該做「認知治療」，讓那紛亂的心念慢慢整理出思緒，以促成傷後的成長。美玲卻走身體路線，「以體療傷」。這是個很新奇的身心論。照美玲的想法（或者是我這樣揣摩），心理的糾結會以某種形式與身體某種糾結平行發展，兩者的形式不同，本質則是相同。

長久的心理糾結一定會在身體的穴脈經絡氣血發生變化。西方理論並無經絡氣血的觀照點，所以在說明身心一元論時，窘態百出，怎麼說都有隔靴搔癢之感。華人的經絡氣血論並不在肉體的生理層面，而是在身體的整體綜合與人的原初意識接壤的區塊，在那裡，尚未突出意識被語言捕獲之前（簡單說，即刻還無法說出的悲痛），悲痛還如同黏稠的液體貼附在身體裡，無法被對象化。

這就是許多失落的傷痛者在意識上覺得自己已經度過哀傷，可是心裡有一種慘惻說不上來。這時候，意識的勸慰已經無能為力，因為這股停留在身體的殘餘，既無符號能力來與意識接頭，也不接受任何外來符號的節制，換句話說，是股體內莫名的緩慢流動。這股莫名不接受溫言安慰、輕柔音樂以及任何教誨。

身體虛弱卻僵硬也許是哀傷者最明顯的身體特徵。我記得紀錄片「黑宿記」的導演在拍父親之餘，也發現自己罹癌，她悲痛地說：「爸，我們一起下地獄吧。」接下來的檢查、治療都在身體，可是當她做脈輪功，轉動她的全身脈輪的鏡頭，許多人都鬆了口氣，身體的情緒從脈輪運動快速流動。美玲跟著張良維老師練功，真正讓她把悲哀殘餘流走的時刻就是美玲所謂的「神性一瞥」：

二〇〇〇年張老師出版《太極導引之陸上游泳——身體自覺》，一行人到高雄舉辦兩天一夜的研習營。最後一場活動是整個下午的「陸上游泳」四式綜合練習，老師指定我在台上帶動作。時隔多年，當時的身體感依稀還在——那是高難度的開筋拔骨、大開大闔的動作，需要絕佳的體力和鬆柔度，才可以撐那麼長的時間，而不會累到兩腿一軟、癱在台上。以我的自尊心，我當然不會容許自己當眾倒下，而且我還必須保持氣定神閒的樣子。然而我自知無法僅僅靠體力撐過那個局面——大概就因為意識到沒有退路了，結果，身體接管一切，他自己找到了一條出路！我全身的關節、肌肉幾乎都延展開來了；每一個動作的起落、俯仰，像是上了潤滑油一樣流暢。在微微的痠痛中、在大汗淋漓如雨下時、在那個只有我自己知道的小小世界裡，我感到前所未有的快樂。

表面上這是身體關節習性的脱落，但看在心理學家的眼裡，這是身心俱落，豈是只有身體的改變。想像，如果旭昇沒有出事，美玲的身體還是原來的身體，心裡還是靠在旭昇身上的依附，日子還是這樣過下去，美玲的身心狀態不會發生太多的改變。當慘劇發生，美玲的身心同時受創，這是個身心解構的過程，例如美玲對酒過敏卻讓自己爛醉，使得全身出疹子，求告無門。如果丈夫還在，這種事情是不會發生，因為美玲的身心在與丈夫共同約制的情況下是不允許發生的。

我當然不願意將之歸諸於「危機就是轉機」這類話，毋寧說，生命本質上就是流動的，我們會以為自己固定在某種定型的身心狀態，應屬於認知上的錯認，等到有一天發現身心早非往昔的認知，往往會有措手不及之感。

所以美玲的哀傷過程可說是典型的身心一元的療癒。每次看到張良維老師帶著弟子練功的神情，深深感到身體的人文氣息不斷上升到精神層面，整個人一起提升。美玲的書就是此身心一元療癒最佳的註解。

（本文是為心靈工坊出版之《遠離悲傷》所寫的推薦序）

輯三

祕思＼詩意綿延

《恐怖：起源、發展和演變》
A History of Terror: Fear & Dread Through the Ages
作者：保羅．紐曼（Paul Newman）
譯者：趙康、于洋等
出版社：上海人民出版社（二〇〇五）

在無意識底下的恐怖史學

現代社會過度使用意識的分析而使得人無法感受到人與自然的連結。缺乏連結感的結果是人墜入自己的人為陷阱，以為人工的保護可令其無憂，事實剛好相反，對人為保護的錯認剛好是恐怖的開始。

我們因害怕恐怖而說謊

瑞士心理學家榮格有一個意味深長的假設：他認為自然是人類的母親，但人不能認識他的母親，所有他有意識地認識的自然都是對自然的一種扭曲，人只有在無意識狀態才會回到自然的懷裡。在他的觀察裡，現代社會過度使用意識的分析而使得人無法感受到人與自然的連結。缺乏連結感的結果是人墜入自己的人為陷阱，以為人工的保護可令其無憂，事實剛好相反，對人為保護的錯認剛好是恐怖的開始，就如同我們在毒藥上塗了一層蜜糖。當我們吃到蜜糖底下的東西，我們才發現不妙。

現代人不斷在重複這個悲劇神話，它遍佈現代人的處處心思。人們總是鼓勵癌症病人撐著，「說不定可以等到新藥」，幾乎每個人都會在這神話底下過世。新藥、新希望、永續生存、烏托邦等這些美好意識的謊言，都來自一個事實：人已經遺忘了自然，忘記了自然的大地流轉、生生滅滅的真實感受。

天地不仁才是真諦

如果榮格是對的，那麼人類恐怖的故事就變得更複雜。一方面是人為保護會使人遺忘自然才是最後的保護，甚至對保護的概念也扭曲成「平安」、「無事」與「福佑」，換句話說，整個人類文明所形成的「保護」概念本身，既是救贖，也是蔽障；另一方面，真正的大地流轉本身即把任何殘忍、恐懼的事物納入其中，所謂「天地不仁，以萬物為芻狗」是它的本性，然而這個本性違反個體的生存渴求，因此，那遍尋不著的恐怖與不安無法用個體意識可以診察得到，那麼恐怖與不安的出處只能隱藏在一個處所，那就是人的無意識。

由於無意識作為恐怖的主要根源，因此，恐怖就成了人類無法擺脫的一部分，所謂「勇者無懼」只是英雄史詩的修辭，從來英雄都充滿懼怕。把無意識做為人類懼怕的母體大致上已經獲得多數研究者的同意，只是摸索這條恐懼路數卻依舊隱晦不明，但如果沿著人類的恐懼文化史來考察，卻不失為按圖索驥的一個辦法。

癲瘋的可怖性

本書就是從西方恐懼史的觀點考察西方人如何與恐懼的相伴相隨。雖然華人並沒有類似的考察，但是多苦多災難的東亞並不缺乏恐懼的跡痕。文明史所反映出來的恐懼多少已經是痕跡中的痕跡，也就是說，當那令人悸怖的事物蔓延之際，人類只有受苦而缺乏反思。西方早期對痲瘋病人的恐懼，遠遠超過東方。痲瘋病人的頭顱腫脹、臉部扭曲、腫塊遍佈，光是形象的恐怖，往往令人退避三舍。如何處理痲瘋病人使西方人遍經各種驅逐恐懼的手段。有名的愚人船在歐洲內河漂流，裡頭多數是痲瘋病人，他們成了永遠的漂泊者。在中國的記錄，痲瘋病人被關在柴房或是單獨的小屋，一輩子永不見天日。中國的想像發明了大蛇的血可以治癒痲瘋的故事，事實上也只是虛妄的自我抒解。痲瘋病人騷擾歐洲人的心達十個世紀多，直到皮奈爾的總醫院成立之後，才取得傳染病的地位。

人類對疾病的恐懼，特別是瘟疫，已經恐懼到願意迷信到底。許多傳統祭儀、禁忌莫不與瘟疫有關。誠如作者保羅・紐曼（Paul Newman）教授所言，在中古世紀，鬼故事絕非只是為娛樂所設，其真實感與疾病一樣的存在，令人戰慄。

瘟疫的猙獰

因為不知瘟疫為何而來，恐懼的人們只能設想神話。在西方想像，在阿卡狄雅山下悠閒過日的半人半羊的牧羊神「潘」痛恨騷擾他的路人，總是冷不防出現在路人面前，讓他嚇一跳（panic）。事實上，潘是猙獰自然的代表者，流淌的鮮血、噴薄的體液、狂亂的情慾，乃至一切的消解滅亡。潘的恐懼來自身體的磨難經驗，那難忍的刺痛、酸楚，體液的惡質化（中毒）、流膿，乃至惡臭，而使人的精神癲狂。本來這是自然的生滅法則，但是對文明化的人類來說，卻是孰忍孰不可忍的事物，從象徵的意義來說，西方基督耶穌的誕生恰可將此自然的「不仁」遮蔽起來，而以基督耶穌的宗教文明作為人類的新背景。這個更換帶來中古世紀的黑暗期。

神學使魔鬼上場

這時候，魔鬼才正式登場。神魔鬼怪四者是相伴相生，甚至是互剋相生。而滋生的溫床則是睡夢。人在夜晚做著恐怖的夢，夢裡有死去的人、有令人悸怖的怪物以及不可思議的怪事。這些本來只在睡床的夢幻空間才發生的事，卻被帶往白天的故事場。在基督神學的催化之下，神魔的爭鬥成了白天的戲碼，人們透過白日意識的造作，添油加醋地誇大了魔鬼的邪惡，也加強了天使與魔鬼的鬥法。甚至魔鬼的種類不斷蔓延繁殖，其中最傑出的當屬魔鬼撒旦，他是邪惡的神性，威嚴高貴、神武勇猛、膽識過人，甚至嫉惡如仇。在邪惡的歷史裡，撒旦被設想成城府甚深的英雄，事實上已經把自然的殘暴轉化為人性可以理解的惡，恐懼的心理已經減至最低。

文明的本質是逃避恐懼

整個人類文化史可說是一套跨世紀的螢幕保護程式的工程。宗教的恐嚇慢慢遠離切膚之痛，地獄天堂也成了不痛不癢的說詞，甚至與人類最親密的吸血鬼都只能是銀幕小丑。唯一人類無法規避的是他自身的死亡。在中古世紀的歐洲，死神幾乎參與了所有基督宗教圖像的構作，令我們印象深刻的死神畫像是「死神騎在蒼白無力的戰馬，揮舞著長柄的大鐮刀，率領著一隊骷髏兵，後面是一車的骷髏」。死神帶來的不僅是恐懼，還衍生出宗教反省，如惡有惡報、虛驕貪婪的戒除，尤有進之，宗教教旨以「為超克死亡，必須追隨耶穌基督」為拯救論。

可以這麼說，整個荒誕的中古世紀就在這螢幕保護程式的假象裡，人們玩弄權勢，尤其是宗教領袖宣說各種「聖言」來愚弄教民，相較之下，華人在這段時間多少保持著教化與自然之間的平衡，死亡所引起的，與其說是驚恐，毋寧是傷逝，這不得不歸功於釋儒道的沉穩秩序所致。

然而，恐怖的母體依舊潛伏在無意識並沒改變。人類無論如何將恐怖遮蔽起來，都無法遮掩這恐怖母體的存在。現代版的癌症慢慢取代赤裸裸的災難，而基督復臨或神佛再現依舊是人類無止盡的求告對象。

恐怖轉入地下

以現代人來說，恐怖隱藏在個人的記憶裡成為夢魘。恐怖的最深刻的作用就是透過幻想、夢想與神話的幻化生成，而成為內心懼怕的根源。例如癌症病人的肉體有著腫瘤，心理也感染著毒株，好似癌細胞似地在心裡蔓延。這種心理腫瘤的恐懼不斷地吞食著病人的生命意志。

事實上現代人在各種惡疾的受苦裡走入活生生的地獄。加上現代醫療大量使用侵犯性的手段保住病人的生命，卻也將病人推向地獄的深淵。我曾經眼看病人插管之後的受苦哀嚎，寧願拔管自盡也不願如此受苦。許多家屬坦言，當初是為了救命而決定插管，當病人去世之後，他們才後悔插管的決定，因為在插管延命的時間就是讓病人下地獄的時間，延命其實是將病人活生生地拖到地獄受苦。

然而，在延命的合法醫療底下，這個地獄悄悄地在不為人知的角落進行，他們的哀嚎被隔離起來，他們的受苦被隱藏不見。這樣的隱藏比起中古世紀可說是更勝一籌。所有的危險都被隱藏起來，例如，當飛機上的空服員優雅地示範救生衣，讓女性的美好唇弧輕吹著救生管，空氣若有似無地進入救生袋，人們閉目養神，彷彿一切平安，而這正好是空難的遮蔽。人們只能等著厄運臨門，卻不斷地被告知：一切平安。

我們只好在謊言底下討生活

法國社會學者布希亞（Jean Baudrillard）指出，所有被掩飾的罪過與恐怖將不再被認識，後現代的人們只能在晃動的布幕猜測那背後的東西，令人毛骨悚然的東西隱然已成從不現身的巔峰慾物，以幽靈的姿態作祟在我們的心靈，而不是變態心理學將之窄化為恐懼的症狀。我們一直尋求人為的保護，而對修行者的海德格來說，只有放棄人為的保護，才能抵達真正的保護。

（本文是為上海人民出版社出版之《恐怖》所寫的推薦序）

《道德的重量：不安年代中的希望與救贖》

What Really Matters: Living a Moral Life Amidst Uncertainty and Danger

作者：凱博文（Arthur Kleinman）

譯者：劉嘉雯、魯宓

出版社：心靈工坊（二〇〇七）

從真實道德看見「終極關懷」

智者多少知道曾經有個源頭，那是尚未成為知識的真實處境，裡頭有各種無法被理性整頓的混亂與無法被語言所調製的秩序，那是非知識之地，卻是知識的源頭，各種知識不過是被裁剪的成品。這不僅是醫療人類學等專業範疇的源頭，也是終極關懷的主題。

凱博文（Arthur Kleinman）教授的這本新書涉及了後現代不確定年代裡的真實道德處境，個人如何從真實的困境發展出自身的生命風格。所謂「真實道德」完全迥異於傳統教條式的道德，「真實道德」深植於生活的根源之處，搖擺於人的不定遭逢裡頭，無法事先被訂出規範，也無法提綱挈領地以明確的道德準繩來衡量，相反的，每個真實道德主體都只能從自身的處境裡逐步地發展自身的主觀過程，自行發現自己與真理的關係，人生裡不斷發生的事故、機緣、變化與外在的衝擊，都無法以原則性的概念加以通約，裡頭也沒有首尾一貫的邏輯，所有的變故都意味著轉化的力量，所有的轉化都朝向個體化的風格塑形，而在這過程裡，有些「真正事關緊要的東西」就會發生，而到底何者是生命最緊要的？這個問題沒有普遍的答案，只能循著個體的生命獨特機緣、命運去發現。

凱博文教授說了七個生命故事（包括他自己的生命故事），每個生命故事都有其獨特的真實道德處境，有殺敵的英勇軍人科恩，他對自己殺害日本軍醫的殘忍感到無可忍受的自責，那種「說真話」的主觀化過程其實就是真實道德的緊要之處：有一股緊張的力量真實作用著，不必奢談道德價值，不必把公共道德當作規範，而是一種真實的挫敗，也不能以簡單的精神疾病的稱呼將之病理化，所有的憂鬱、驚悸、創傷都是真實道德引出的處境倫理。這個觀點與目前主流的精神醫學相違背，卻含有深刻的真知灼見。

精神醫學對倫理道德的病理化始之於二戰之後，在五十年代的精神醫學還帶著精神分析的人文氣息，那時的重要精神分析者如荷尼（Karen Horney）、科赫（Heinz Kohut）、溫尼考特（Donald Woods Winnicott）、佛洛姆（Erich Fromm）、阿德勒（Alfred Adler）、蘇利文（Harry Stack Sullivan）等有著濃厚的人文氣息，他們談論社會興趣、道德、愛情、倫理、謊言、惡行，但是病理化的論述卻已經悄悄地進行，例如蘇利文的人際關係理論已經逐漸跨入病理論述，而在爾後四十年的發展，生物醫學逐漸佔領精神醫學，現代精神醫學就接收了生活人文，以病理論述覆蓋所有生活領域，這就是為什麼自殺者被蓋上憂鬱症，好賭者被蓋上不自主強迫症，偷竊成為怪癖症，這種病理覆蓋的現象一方面作為內心除罪化的消解個人承擔，也說明科技時代的系統效應，科技包山包海的將經濟、政治、健康、幸福、快樂、飲食、休閒捲入它的系統，而人文的異化也隨著發展。

最簡單例子是療癒的概念。療癒與俗世的治療完全是兩回事，療癒自古以來就涉及超越界，無論宗教、倫理、道德、哲學或所謂的「明道」，都屬於療癒領域的超越行動，但是直至今日，最不瞭解療癒的大概就是精神醫學，在精神醫學的脈絡裡，這行業的人無法瞭解療癒者的他者人格、療癒的超越行動（信仰）對療癒者多麼重要，甚至將之與治療混為一談，依舊以「功能論」來論斷療癒。療癒的超越就在「成為自己的不是」（becoming whom I am not），這與非超越的俗世心理學的自我追求背道而馳，療癒超越的行動拒絕自我認同（ego-identification），甚至發展各種「消解認同」的修煉技術，也就是發展無為、無我的修道領域。

當然，療癒的發生有其必要的深刻理由，尤其涉及人在世界沉浮多年之後，在真實道德的折磨，而發現俗世心理學的改善技術於事無補，就如末期病人也承認藥石罔效之後，產生的必要行動。這無涉領域的偏見，也無關乎對俗世的批判，而僅僅是人類的智慧傳統對自己生命的終極解脫的緊要性。然而，病理化畢竟把過去曾經浮濫的泛道德化縮小範圍，但也連帶把真實道德的困境也加以埋葬，使得一般人無法看見自殺、自責、完善主義背後的罪惡感的生活源頭，反而透過經精神醫學病理化論述的掩蓋，真實處境消失了，所有的問題「都是精神醫療的問題」。

凱博文教授以一個資深的精神醫學教授，他也是重要的醫學人類學的開創人物，深諳人文臨床的領域，他雖然以精神醫師的立場為病人做精神診療，但他並未被現代精神醫學對道德處境的病理化所惑，他也深諳「療癒」的概念，早在七十年代，他就以台灣乩童的療癒過程作了非常詳盡的研究，當年與他相熟的學者幾乎都跨文化與精神醫學兩個領域，如林憲、葉英堃、李亦園等諸先進，也正式出版多本以台灣乩童療癒為基本素材的書籍，論及涵化與療癒之間的關係。不過當時他還只是從文化意義將精神醫學的知識生產導向人文化，並沒有如本書的智慧與成熟，很清楚地將真實道德以及原初倫理（接近法哲列維納斯〔E. Lévinas〕的思路）呈現出來，彷佛讓現代精神醫學所埋藏的古老精神再度出土，讓我們直接面對倫理的困境，以便消除科學理性所帶來的理性幻念。這是後現代對生活方式的直覺所產生的對治之道。

凱博文教授在本書的最後一章提到黎佛斯（W.H. Rivers），就是透過黎佛斯的病人，詩人齊格菲．薩松（Siegfried Sasson）的「病人之眼」，「他的力量並不在於他所說或寫的……

而是在於他本人」，黎佛斯不願意將戰場的精神官能症污名化，來自於他對人類心靈的根源的終極領悟：「只有當生命遭受到威脅的時候，為了生存所做出的直覺反應，這也是人在大戰中無法面對、在臨床上屢見不鮮的情況」，而這些直覺正是牽扯在國家價值、忠貞、勇敢、家庭名譽、男性尊嚴等所有真實道德失調的衝突點上，反而是做為病人的薩松自己提出「和平主義」的觀點，有效地自我解除了自己的蒙羞，而黎佛斯也發現自己作為「治療軍官」的社會體制的自限性，而放手讓病人自行解放，更重要的是，黎佛斯能夠掌握到病人的直覺智慧，而稱之為「自識能力」，這種自識超越狹隘的精神病理，直接將廣泛的社會與政治都串連起來理解，一種超乎理性主義的高度綜合，凱博文教授為他下了一個註腳：「他從造就了他與他事業的文化價值中脫身而出。黎佛斯在生活中為我們示範了，必須先覺察到正常道德承諾所具有的危險，然後打造出一個能為其他人擴展更大空間、建立他們的道德事業、讓他們能夠選擇建立正常標準的新生活，如此才能讓我們以更可行的方式，將情感與價值結合在一起。」

從另一個角度來看凱博文教授，在他的一生志業很自然地關注著社會受苦經驗，精神醫學只是他對這受苦經驗的探測器，他與黎佛斯一樣，曾經轉變為人類學者，而終至為人文的關懷者，在凱博文教授身旁的同事或學生，多少都薰聞著凱教授對社會受苦經驗的深度關切，唯其關切之切，他才能夠「花數十年的時間才讓自己擺脫專業解釋的自我保護」，真正聆聽病人真實的生存反應。對現代所謂「專業者」來說，專業知識一方面是理性知識的洞識，另一方面也是生活智慧的閉塞來源，專業者的成長，一方面強化專業知識，另一方面也要消解專業的閉塞，就如新陳代謝，有進有出，有吸收也有消解，既建構也解構，但是，智者多少知道曾經有個源頭，那是尚未成為知識的真實處境，裡頭有各種無法被理性整頓的混亂與無法被語言所調製的秩序，那是非知識之地，卻是知識的源頭，各種知識不過是被裁剪的成品，而那源頭，如人類的受苦處境，卻不斷地如紅塵滾滾的塵埃，總是漫天漫地構成人類永存的背景，跟隨著任何時代的人類。這不僅是醫療人類學等專業範疇的源頭，也是終極關懷的主題。

凱博文教授與台灣文化的關係接近一個甲子，本書譯本的出版，一方面是讓華人明白一個傑出的醫療人類學者的世界箴言，一方面也紀念凱博文教授對台灣受苦社會的關注，謹為之序。

（本文是為心靈工坊出版之《道德的重量》所寫的推薦序）

《意義的呼喚：意義治療大師維克多・法蘭可的生命傳記》
Was nicht in meinen Buchern steht: Lebenserinnerungen
作者：維克多・法蘭可（Viktor Frankl）
譯者：鄭納無
出版社：心靈工坊（二〇〇二）

這個人，還有他的天命：談維克多・法蘭可的存在

意義治療所談的「意志」並不是人的俗世的建制意志，反而是廢掉個人意志的武功，辯證地獲得意志的自在。同樣地，「願有意義」也不是「立志追求生命的意義」，而是沉入意義的本體，因此，維克多・法蘭可的意義治療絕不追問生命的意義是什麼，而是傾聽天命的召喚。

理解「意義治療」（Logotherapy）與了解維克多．法蘭可（Viktor Frankl）並不是同一件事，卻可以將之連結起來，但是意義治療拒絕直接詢問「意義是什麼？」「如何獲得生命意義？」，想要了解維克多．法蘭可醫師也不能透過「維克多．法蘭可是誰？他是何等人士？」等問題來下手；意義治療與維克多．法蘭可之間的牽連，也不能透過創始人及其創造物的關係來說明。

一般對維克多．法蘭可的意義治療往往有一些很根本的誤解，尤其對「願有意義」（Will to Meaning）、「意志的自在」（Freedom of Will）更是諸多的誤解。從他的書裡（尤其是《意義的追尋》一書），人們可能從表面的意義以為，他在邊界處境（limited situation）裡是透過「堅忍不拔」的意志，超拔了意志的資質，使得意志帶領我們超越限制，而出現一種叫做「自由意志」的心靈空間。事實上，整個維克多．法蘭可的意義治療所談的「意志」並不是人的俗世的建制意志（所以無從「堅忍不拔」），反而是廢掉個人意志的武功，辯證地獲得意志的自在，宛若金庸小說的「獨孤求敗」之所以成為超絕的劍客，是因為他完全放棄求勝的束縛，使得劍術超越俗世格局。同樣地，「願有意義」也不是「立志追求生命的意義」，而是沉入意義的本體，因此，維克多．法蘭可的意義治療絕不追問生命的意義是什麼，而是傾聽天命的召喚。

於是我們有個切入點：維克多．法蘭可醫師對存在的理解來自「決斷」，而意義治療可能是人們反歸存有家園的牛車，緩緩地駛入黃昏的盡頭。維克多．法蘭可自從醫學院之後，即開始思考他的意義治療，最開始的動機可能來自傳統精神分析的不足，無法説服他年輕的心智，但是如果他一帆風順地離開德國，在美國平安地生活，充其量他的意義治療很可能會走向另一種形式的精神分析。他的不幸發落集中營，父母、妻子、妹妹慘遭納粹的毒手，使得他的意義治療不再追求意義的表層標地，而是直接進入意義自身。

這個進入意義自身的關鍵即在「決斷」，以海德格的説法，決斷是進入本真存在的不二法門，而促使斷念發生的關鍵即在「畏」的經驗：維克多．法蘭可將集中營的「害怕」轉變為「畏」。害怕是有具體對象的怕，是將時間投射到未來的擔憂，這種怕宛若「唯恐不能將自己保護得更好」，可是，「畏」卻是在完全放棄保護之後，面對空無的恐懼，這種恐懼直接引起生命的悸動，有種躍入深谷一死的畏懼。維克多．法蘭可在這畏懼之中，完全無法選擇，他的意志敗如破絮，就在這緊要當頭，他進入決斷：他那躍入死谷的身軀就好像飄向太虛，整個人都放開了，所有的念頭都碎裂掉了，可是卻因而碰觸到生命的原初面貌。維克多．法蘭可在集中營最難過的時候突然經歷這段轉變，他突然聽到存有的召喚，那是無以名之的自由。

維克多．法蘭可聽到的召喚既是無聲也是無言，只是透過直接的沉浸其中而獲得整體的領會。這種默會有別於過去吵雜的囂鬧聲，是不必用智能去辨識的。我將維克多．法蘭可的經驗約略等同於齊克果（Søren Kierkegaard）的「A式宗教性」（Religiousness A），亦即這是「在神的面前的自我空性」，已經無所謂倫理性的選擇（如憎恨納粹、痛心至親亡故），也不是對生命有何使命感，而是徹底認識「諦境」——這是一種存有獨在的處境，與一般我們人間處境的根本區別在於：諦境可以讓人「立即明確知道自身的天命」，也就是「立即明白我當如何……」，但這種「我當如何……」並不直接引導到任何特殊行為，而是浸泡在「開放給神性的空無」的整體默存領會，這個狀態「立即將我的一生界定好了」，使我活潑、自然、生動地活在世上。

所謂「天命」指的就是齊克果所謂的「獨在處境」（Unique Condition），是屬於海德格所謂諦境的一部分。天命有幾個前提：（一）生命是無可選擇的，妄動意志的選擇只會造成許多無謂的浪費；（二）如果生命有所選擇，也不會落在你個人的手裡，而是「被擠壓到的諸種可能」；（三）傾聽天命並非無所作為，而是徹底了解自身存在的決斷呼喚，使得任何作為都無忝於天命。

正是這種諦境所綻開的自然天命，使維克多・法蘭可的意義治療有了堅定的基礎；意義治療通常不問「我在這世間當成就何意義」，而是「在此刻當下我的天命呼喚我前去做什麼」（"What does life at this moment demand of me?"）。這種直接浸淫的作法，拒絕把經驗對象化，避免以法利賽人的方式操弄聖典。

我們在《意義的追尋》一書的記載可以發現維克多・法蘭可的諦境是如何形成的。維克多・法蘭可在被關集中營之後，身上懷著唯一寶貝的一本書的草稿，他告訴警衛，「這是我一生心血的書稿，我必須傾全力護著它，你懂嗎？」，只見警衛一絲微笑露出臉龐，開始有點憐憫，後來有點嘲諷，最後以粗暴的聲音迸出一個侮辱性的字眼：「狗屎！」維克多．法蘭可這下子突如夢醒，把他過去活在往日的學院生活的夢全喚醒了，「這是我第一次踏出過去的日子」。

事實上維克多．法蘭可的集中營經驗有多次這種生死關頭的經驗，只要集中營的軍醫在瞬間的決定是朝死的方向，維克多．法蘭可很明白自己肯定是活不成，如此生生死死的推磨，如果我們只是注意到焦慮，而沒有注意到從「畏」到諦境的過程，我們很容易錯失經驗的深刻轉折。

集中營的夢醒，恰好將習以為常的生命觀打破，反而是脱離沉淪的契機。對一般常人來說，各人的習常被打破可能有幻滅的悲哀，但多少也會從幻滅體會出習性的不可依靠。這種生命的意義觀的深刻之處在於（一）對個人的苦難比較有任之泰然的適應能力；（二）對轉化受苦、超升精神有相當的助力，否則非常容易陷於自怨自哀的泥沼裡；（三）更重要的，對自身存在意義的把握才有穩固的基礎。

顯然，透過幻滅而獲得自在並非一蹴而及的，中間的步驟隱約透露在事後的回憶，最讓我們印象深刻的，是他提到出外勞動的男人們心中對妻子的思念：

我們在夜裡蹣跚地步行好幾哩路，在結凍的路面跌跌撞撞，在彼此攙扶之際，我們默然無語，但心中卻彼此明白，我們每人都想著自己的妻子。不經意地抬頭望著夜空，只見星光褪去，微曦從黯淡的雲彩穿透過來，我妻子的容顏清冽地浮上來，她含笑應答著我，叫我要挺下去。一個念頭穿心而來：我生平第一次領會到多少聖哲詩人所稱的終極智慧，那就是愛……

但是我們不要把這經驗的內容物——「愛」無限上綱，因為問題不在於「愛」，而在於令愛浮起的境地，亦即：到底何等境地令真愛得以浮起，這個問題與「到底何等境地令人棄絕了愛」一樣的等價，所有的問題都探到底蘊之處來詢問，在這裡，人類的「有情」獲得赤裸的面貌，愛無限地延展，以致我們無法用我們浮沉在世的理解領會，那是破壞了語言的陳述結構，以只能直接幻想的方式產出，就如同海德格所謂的「存有的詩意」：「詩之道就是對現實閉上雙眼，詩人不行動，而是作夢，詩之所制，想像而已」（見〈人，詩意地棲息〉，收錄於《詩、語、思》）。這裡的詩人不是通常的作家詩人，而是往存有之大地走去，夕陽照滿懷的行人。

維克多·法蘭可醫師正是這個長影照於大地的行人。

（本文是為心靈工坊出版之《意義的呼喚》所寫的導讀）

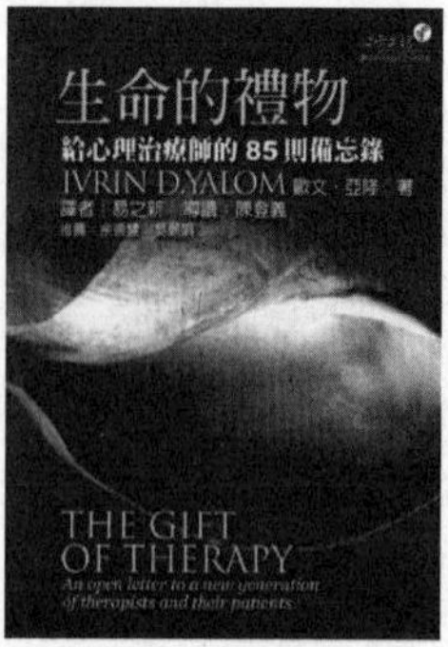

《生命的禮物：給心理治療師的85則備忘錄》
The Gift of Therapy: An Open Letter for a New Generation of Therapists and Their Patients
作者：歐文．亞隆（Irvin D. Yalom）
譯者：易之新
出版社：心靈工坊（二〇〇二）

生命禮物

存在治療一開始就反對傳統的心理衡鑑應用在日常的心理症，認為非但無益，而且是智障之源，因為心理症是源出於生活關係很人性、很倫理的部分，醫學不應該干涉過頭。

心理治療乃是重返倫理關係的現場。

這本書的主要讀者應是心理治療界的心理師，但對心理治療剛入門的學子卻更重要，因為存在治療涉及許多心理治療非常基礎的探問，而且其清除初學者的困惑比較徹底，也容易幫助入門的心理師或準心理師建立堅實的地基。對那些正在接受心理治療的人來說，這本書可以幫助他善用心理治療，甚至可以幫他鑑別他的治療師心性的高度。

存在心理治療的興起

心理治療一直是等待演變的流體，從來沒有一種固定不變的心理治療，也沒有不經改變的心理治療。在歷經百年的心理治療史，心理治療的流派就宛若一條長河，在瞬息萬變的時間流逝裡蜿蜒地反照著人性的觀點，閃閃爍爍。亞隆（Irvin D. Yalom）教授的《存在心理治療》就是這條蜿蜒大河的暗流。

想要直接從存在主義哲學套用到心理治療是不可能的事，充其量也只能吸取一些核心概念。真正促發亞隆教授去發展存在治療，應該從他帶著癌末病人的團體時，讓他看到人類心理非常底層的真實，也看到人心充滿了自己製造的謊言，甚至連心理治療者本身也參與其中。心理治療這個行業比演藝界更容易成為墮落的行業，主要在於心理治療者對自己的謊言習而不察，治療者不自覺地隱藏自己對他人的冷漠，庸俗的價值卻賦予高貴的理由，自詡為他人的改變者，卻對自己的頑固不冥毫無所覺。並不是心理治療者天生就如此，而是社會賦予他助人的權柄，使他得以隱身在受苦者的幕後，在受苦的心靈的乞求之下，不自覺地提升到謊言者的位置。

存在心理治療很清楚地看到這種處境性的危險，為了對治這種不自覺的謊言，心理治療者必須「自降」，也就是謙卑地臣服於人類受苦心靈，這不僅僅是將自己降到存在的底層，去發現自己與受苦者都在同樣的處境，他還需透過存在的底層，主動地拉著受苦者的手，不是去引導他，而是共同修行——受苦心靈的鍛鍊，就是修行。亞隆教授將心理治療者與病人稱做「旅程中的同伴」，也就是同修，他說：「治療師與病人都注定不但要體驗愉快人生，也必然要經歷人生的黑暗——理想的幻滅，年老、疾病、孤獨、失落、缺乏意義、痛苦的選擇與死亡」（第三章），因此，實在沒有任何理由將兩者分立。任何治療師要感恩的往往是他最無法幫助的病人，因為無助才讓治療師發現自己與病人同在一個處境，這就是亞隆所說的「要愛那些提出難題的人」。

存在治療一開始就反對傳統的心理衡鑑應用在日常的心理症，認為非但無益，而且是智障之源，因為心理症是源出於生活關係很人性、很倫理的部分，醫學不應該干涉過頭。

心理治療乃是重返倫理關係的現場

存在心理治療首在承認「所謂心理治療乃是重返倫理關係的現場」，而不是醫療的客戶關係，所以治療者與病人之間的親密與關懷是最根本的存有，是不能被化約成角色關係。亞隆的心理治療直接把「我與病人如何看待對方的每一個細微差異：病人今天看起來是不是有點冷淡？好強？不注意我說的話？他是否私下運用我說的話，卻拒絕公開承認我的幫助？她對我是否過度恭敬？諂媚？太少表達反對或不同的意見？疏離或多疑？他是否夢見我，或是把我放在白日夢的情節中？他在幻想時，對我說了什麼話？這些都是我想知道的，而且多多益善。」（第四章）在這種「去專業化」而恢復生活倫理的意義底下，亞隆的一句話可說令人振聾啟聵，他問道：「病人多年後回顧治療的經驗時，會記得什麼？」答案：「不是洞察力，也不是治療師的詮釋，他們記得的多半是治療師所說的正向支持的話。」（第五章）亦即，不是治療師的精微思考或設想，而是治療師在生活界裡的倫理行動，就如同亞隆的病人吉妮「她根本沒有聽進我精練高明的詮釋，她重視的是我幾乎沒有注意到的小動作」（第六章）。而治療師之所以「必須倫理地為病人」，乃因為「治療師的最大力量有部分是出於得以參與病人最私密的生活事件、想法和幻想，得到一個知你甚深的人的接納和支持，是非常大的肯定力量。」（第五章）

通常，心理治療一開始，治療師與病人其實都在兩個不同的世界，有著非常不同的夙緣與心思，當治療者自詡要對病人發展同理心之際，亞隆也強調「教病人也發展同理心」，這是存有治療的「同修」概念：我們一起走，一起影響、一起改變，心理治療不是單方面的事情。亞隆對這一點相當貫徹，他不但與病人一起寫「彼此的印象」，也分享彼此的心思，力求坦誠。這樣的治療者猶若修行人，儘量將自己的性格透明化。但是，坦誠有幾千層，並不是所有人都可以接受最徹底的坦誠，而亞隆採用的是「倫理的坦誠」，亦即，在彼此堪受範圍的坦誠，但何謂「堪受」就值得玩味了，亞隆的存有倫理就在其中衡量體察，幾乎到了一再試誤、一再矯正的地步。

存有治療是以現場為基調的當下治療。所謂「現場」就是現象學裡所謂的「統覺」（apperception），也就是亞隆強調的「此時此刻」的現場，直接給出交接的效果。在本書的第一部幾乎都在討論這些問題，而且很奇怪的，存在治療的當下性配合「同修」的概念，許多治療的僵硬都可以化解，治療者會變得更柔軟，治療的篤定心情更深厚。

存在的底線：終極關懷

存在治療的另一基調就在於靈性領域。過去許多主要的心理治療都以俗世自我所發生的難題為主，當然，自我本身的根源之處就充滿受苦的本質，人類只要端起自我，魔鬼就會降臨，地獄之門就會開啟。近代新興的心理治療學派多少已經發現，施以俗世的問題解決或性格改變的治療，對受苦的緩解效果其實相當有限，治療者最好把自己的立足點放到世界之外，在靈性領域建立支點，然後再伸進世界，會獲得迅速轉化的效果。

亞隆在他的《存在心理治療》一書就揭櫫存在的四個基本事實：死亡、孤獨、無意義與自由，這就是存在本質的「四大皆空」，人類所發展的自我就是用來保護人類，不要受到存有事實的威脅，所以我們的自我心智就好像一幅超大型的螢幕保護程式，不要受到終極的烏有虛無所威嚇。亞隆的存在治療就是站在自我的立場，想盡辦法讓受到存有事實威嚇的病人做一些調鼎的功夫，而他採用的對治方法是：

一、讓病人承擔責任，而不是逃避，所以存有治療者不會為病人做決定。

二、幫助病人產生決斷，因為許多決斷都涉及病人十分緊要的存在基礎，也就是病人的存在理由，治療者讓病人朝著底線去探索生存的基礎，催化其決斷的悟性，可說是至關重要。

三、催化病人的覺識，讓病人不要被自我的潛意識（或無明）釘緊，甚至沈迷在潛意識所抓牢的自我意識，人的意識會很難清明，這時，存在治療師喜歡用意義治療的「矛盾意向法」（paradoxical intention）或超個體心理學的「認同消除法」（dis-identification）。

夢的存在性徵

多數的心理治療新手害怕對病人作夢的解析，而老心理治療師則對夢愛不釋手，卻說不上個所以然。亞隆會特意談到夢的解析，多少注意到人的幽微心思正是夢之所在。在我們說不上來的地方，意識會以其他的方法再現，並且表明人的意識所能瞭解的東西，遠比語言要寬廣很多，其中夢境影像是意識直接瞭解的媒介。由於夢本身即是幽微狀態的存有，與睜眼的粗糙意識大異其趣，前者直向奧祕空間，後者指向行動世界。

存在治療的「夢即是幽微存有」的概念，在賓斯汪格（Otto Ludwig Binswanger）與傅科（Michel Foucault）那邊獲得堅實的存有理論基礎，但在心理治療的情境，個體的心像、感受、情懷必須從私密的存在在白天對他者道出，減損了作夢當下的存在，甚至必須透過編排意識，將夢以理智的監視加以重組成話語，對說夢者是痛苦的。可是，如果治療師是病人通往夢塵的同路人，意即病人領受到治療者的幽微心境，那麼夢境往往是治療過程最好的媒介。但是，如果治療者只知道將夢搬運到「意義」的國度，則注定夢不但沒有治療的效果，也是無謂的活動，病人會立即將夢之門關閉。

亞隆並沒有直接去談夢的理論，而是透過夢所營造的氛圍去騷動病人與治療師的心思，讓那幽微的生命經驗彷彿依稀的浮在檯面，但又溫柔以對，深恐驚嚇了幽微，讓粗魯的睜眼意識驅逐夜裡的靈魂。

本來，我以為台灣最好先出版亞隆的《存在心理治療》，讀了本書之後，反而覺得《存在心理治療》當作參考書就夠了，主要是亞隆在寫《存在心理治療》的時候，有許多想法都才有個起頭，並不怎麼落實，可是二十年後的這本書，卻散發出存在治療成熟的芳香，多了溫馨的諄諄善誘，也多了老者提攜後進的風範。一年前看到這本書，我就很喜歡亞隆的沈穩。易之新先生把亞隆的心情譯得恰如其份，也使本書可以為師，亦可為友。

（本文是為心靈工坊出版之《生命的禮物》所寫的推薦序）

《存在心理治療》（上）（下）
Existential Psychotherapy
作者：歐文・亞隆（Irvin D. Yalom）
譯者：易之新
出版社：張老師文化（二〇〇三）

幡然醒悟的心理治療

我們的「存有」的任何當下或「此在」都同時包含著本真的澄明與常人的世界觀（非本真）兩個層面，前者具有只能由己身自行體會的「內在性」，後者則是以「造作」為本的世界性。一般的心理治療並不區分這「此在」的雙重，所以，無法看出生命的結構一直處在此雙重性的穿梭當中。

在台灣，亞隆（Irvin D. Yalom）教授不算是個陌生的名字，早在十餘年，聯經、張老師公司就出版過他的心理小說（聯經將亞隆Yalom譯為「耶樂姆」），如《診療椅上的謊言》、《當尼采哭泣》、《日日更親近》（後由心靈工坊出版，書名為《日漸親近》）、《愛情劊子手》、《生命的意義》等，其中《愛情劊子手》目前還在長銷，而去年台灣出版界也剛出版他在千禧年之後的心理治療專業書《生命的禮物》，口碑甚佳。

這本《存在心理治療》是亞隆教授七十年代的作品，剛好是他研究團體治療告一階段之後，對自己的反省之作。雖然他那本團體治療的書受到好評，學術界對他能夠以精確的心理測量，將團體治療的過程與效果展現無遺，但他本人心知肚明，自己的內心並不踏實，甚至懷疑那些利用量化資料的推論有幾分「真實」。通常以量化做研究，除了嚴密的實驗室控制之外，量表之類的資料都有「隔靴搔癢」的隔離感，研究者往往必須絞盡腦汁說故事，多少有自圓其說的味道。亞隆教授並無意批評量化研究，但對自己的不踏實卻痛下反思，尤其在他的團體治療研究期間，他無意間引進了癌症病人進入團體，發現團體成員的不尋常反應，當時亞隆教授並沒有意會到，這是一種「常人」的跌落反應，只覺得有某種很根本的東西似乎鋪陳在人的生命底景，後來他將之稱為「存在的層面」。

「存在」一詞，除了生命哲學界之外，鮮少有人會去細究那到底是什麼玩意兒。不過就西方通俗文化的感覺，「存在」指的是當下立即體驗的經驗現實，但這意義與哲學的意義相去甚遠。即使在不同哲學家那裡，由於體會不同，對存在的界定也有歧異，但若從亞隆教授在本書的觀點來看，他所謂的存在層面比較接近「本真的、徹底的、終極的」關懷，也就是將生命的底線拉到非常基本的層面，讓我們得以用比較本真的視野瞧見廣闊的可能。在這意義底下，存有心理治療是指「朝向無蔽的狀態的心理療癒」。

但在這裡，美國的精神醫療或心理治療界有自己的轉折，並不全然接受歐陸的存在精神醫學的作法。美國文化固然接受了佛洛伊德的精神分析，對佛氏的語言也多少有所接納，但是對「存在」層面卻相當拒納。雖說美國的「存在心理學」一直是歐洲心理學的螟蛉兒，但也不是全盤接收歐陸的思想，而是透過美國文化的處境，做了適當的調整。文化本身是個緩衝器，美國文化對這陌生的存在心理學多少有自己因應辦法。他們將存有哲學與心理學做了必要的區隔，不讓那些拗口的哲學語言迷惑讀者，也聽從荷蘭現象心理學者的意見，將心理學的領域分出一小片，稱之為「人類心理學」（anthropological psychology），供給現象心理學、存在心理學者來玩。他們並不模仿荷蘭心理學家，直接把握經驗的存有時刻（如荷蘭精神科教授范丹伯〔J. H. van den Berg〕所為，可參見氏著《病床邊的溫柔》），也不模仿歐陸的前驅，如賓斯汪格（Luwig Binswanger）、米達德伯斯（Midard Boss），以海德格的存在基礎「此在」（Daisein）為基礎，作存有分析（Dasein-analysis），甚至連存有本身的概念探討都付諸闕如。這可以從人本心理學為取向的卡爾．羅傑斯的話來瞭解美國心理學家的心態：「對美國心理學家來說，『存有』這個字眼不但隱晦曖昧，它又太籠統、太哲學，完全無法檢證，令人深惡痛絕」，美國心理學家歡迎清楚、明確、明顯的心理治療，除了將「精神」

加以「工業化」（或「工具化」）之外，也富有實踐的行動要求，對存有論的微言之義並不覺得有何必要重視。羅洛梅（Rollo May）曾經檢討過美國文化對精神分析的使用，發現很多所謂「關鍵重要」的分析機制，其實是缺乏堅實的立論，只是懸在半空中的半弔子。例如，羅洛梅分析精神分析治療關鍵性的「情感轉移」。若是依照美國人對佛洛伊德的理解，病人往往會將其生活宿緣性的關係知覺帶到治療室，使得在治療室裡，病人與治療師也同處於這宿緣知覺的籠罩當中。美國治療師傾向於把這類情感轉移視為「治療關係的扭曲」，與歐陸精神醫師視為「治療的構成份子」，相去甚遠，其他如「壓抑」、「潛意識」大多與歐陸治療師有所岐義。

美國少數的心理學家、精神科醫師何以願意接受「存在心理治療」？記得美國存在心理學之父的羅洛梅提到他轉向「存在心理學」的機緣時，他說，有一年，他罹患肺疾躺在療養院裡，當時抗生素尚未問世，肺結核可說無藥可醫，只能靠自己的體力復原。在這躺著無事的三年，有兩本書陪伴著羅洛梅，一本是佛洛伊德的《焦慮問題》（*The problem of anxiety*），一本是齊克果的《懼怖的概念》（*The concept of dread*）。人在病中，正經驗著病魔的侵襲，生命處在飄搖之中，佛洛伊德的書對羅洛梅來說，只是技術性的心理學，而齊克果的書卻宛若同伴，帶著羅洛梅經歷著生死之間飄搖的懼怖。用現象學的哲學術語來說，齊克果談的是焦慮自身，是本體論的；而佛洛伊德卻是站在焦慮外邊談論焦慮，是實徵論的。以他人的立場談病人的焦慮總有搔不到癢處的空乏感，即使有多麼偉大的理論，對心理治療無法產生在場的體驗效果，因此，羅洛梅很清楚指出，存在心理治療並不是什麼學派，而是一種完全不同的態度對待治療，例如，亞隆教授提出的四大終極關懷，其實是生命四大底線，如果以現象學還原來看，這四大終極關懷是從紛擾的生活表象還原而來的，直追生活的底部，這與自詡為科學的精神分析相較，儘管精神分析發展出許多病理機制或治療機制，但這些「機制語言」其實完全無助於抒解病人的痛苦經驗，治療者必須能夠開放自己，當下直接經驗受苦現象，而非坐而論之。在現象學的指導下，治療師比較容易在經驗的關鍵之處下手，其方法則為現象學還原，亦即從病人的表達根柢之處追索其苦痛的不自覺設定，而這些不自覺的設定往往都埋藏在存有的層面，在那裡所有生命最緊要的結構，例如「有」VS.「無」、「生」VS.「死」，都涉及存有結構，即使是精神分析也不能小覷這個層面，例如「生之慾」與「死之慾」、「愛洛斯」（或愛欲）與「力比多」，榮格的「原型」與「戴蒙」，莫不指向這個層面，但存有心理治療之所以指向這個層面，並不是這裡有何精神病理可尋，而是我們在「常人」狀態底下，對存有的澈觀受到遮斷，以致我們雖有理智，卻並不澄明（clearing）。

若是循著海德格的論述，我們的「存有」的任何當下或「此在」都同時包含著本真的澄明與常人的世界觀（非本真）兩個層面，前者具有只能由己身自行體會的「內在性」（即海氏所謂的「向來屬己」〔My-Owness〕），後者則是以「造作」為本的世界性（即海氏所謂的「去存在」）。一般的心理治療並不區分這「此在」的雙重，所以，無法看出生命的結構一直處在此雙重性的穿梭當中。托爾斯泰則是典型的高度覺察者，他是透過「世界」（他的庄園、他的成就、他的妻兒）與生命的無意義之間的相互折射：

五年前，我心裡開始萌發一種奇怪的狀態：我對生命有許多困惑、停滯的片刻，好像我不知道自己是怎麼活的、自己要做什麼事……這些生活的停滯總是向我提出相同的疑問：「為什麼？」和「要什麼？」……這些疑問越來越堅持要一個答案，就像小點群聚成一塊黑色的污斑。

在這種意義的危機下，或是他所說的「生命的停頓」，托爾斯泰質疑他所做每一件事的意義，自問管理產業、教育兒子的意義何在？「為了什麼？我目前在撒馬拉省有六千畝地，三百匹馬，那又怎麼樣呢？」他甚至懷疑自己為什麼要寫作：「如果我比果戈里、普希金、莎士比亞、莫里哀，比全世界所有的作家都更有名的話，那又怎麼樣呢？我找不到答覆。這種問題需要立即的答案，否則我活不下去。可是，並沒有答案。」

隨著意義的崩潰，托爾斯泰經歷了生命存在基礎的崩潰：「我覺得自己站立的基礎碎裂了，在我立足之處，其實空無一物，沒有生活的目標，我根本沒有活下去的理由……真相就是生命是沒有意義的。生命的每一天、每一步，都帶我更接近絕境，我清楚看見，除了毀滅，再無一物。」（見本書第十章〈無意義〉）

人在進入澄明之前，有時會經歷這類的精神危機（或「存在精神官能症」），當他照見自己的「無意義」的同時，也昭示了他，「人間的意義是歸屬於塵世的」，待他看清楚「塵世的意義」居然如此稀薄，他會感到一陣的暈眩，就如同卡繆（Albert Camus）的「荒謬感」，但人必須在準備進入覺識之際才會發生這種塵世的荒謬感，使得終極的意義轉向內在的泉源。

同樣的，亞隆教授的創設「存在治療」最直接源頭正是他與癌末病人的相處，如果我們多留心他在第四章〈死亡與精神病理學〉的觀點，提到人在一生發展了自己的「個體化」（即這個「我」）也好，與他人共度融融的一生也好，只要沈迷於「在世」的因緣合和，都會面臨踽行時刻，如病人潘姆猛然領悟到「父母沒有她還會活下去，世界還是像以前一樣」，從嚴格的意義來說，「世界並不承認某個人的特殊性，所有人的生活都帶著許多虛假的保證，最後我們無法改變某些赤裸裸、永遠不變的存在面向」。為了虛假的保證，亞隆教授確認人的精神病理之一即在於尋求「終極的拯救者」，然後絕望而亡。

在生命的基礎地，並沒有任何世界的意義，只有渾然的「天成」，人類經歷數百萬年，方創建這麼點滴的文明、創發這些許的意義，然而人類卻被自己所創造的短暫文化所迷惑，以為那是他安身立命的地方，可是真正開顯的終極意義卻是「與時俱亡」，時間才是真正透露所有訊息的大主宰者，它以永恆之姿告訴人類，何謂出生、死亡，何謂有常、無常，任何個體在時間裡形成，在時間裡成長，然後在時間裡滅亡，如果任何活著的「此在」（即「此時間我抵達於此」）都在這生滅之間的一個時間點，存有治療則在促進人們了悟「此在」，既是創造也是毀滅，我們從「無」之中掙扎出點滴的意義，為了片刻的安身，我們祭起自我的意志，但也為了揮灑的空間，我們需要一些自由的空間，需要與他者相應答，彼此承擔責任，這些都在存在的底層構成「活著」的必要性。

而這些存在的必要性卻成了生命的難題：我們總在緣起緣滅之間，想捉住什麼，生命卻在指間流逝，我們想鞏固一些生命的意義，卻在時間洪流裡沖散，我們想要的自由意志，卻很快的消散，這種虛無曾經是存在主義令世人厭惡的地方，這些澈念彷若烏鴉嘴，但是，當我們從澈念中醒來，有一種真正的「畏」：「當我們與萬物本身都沈入一種痲木不仁的境地，真理完全被隱蔽……，在『畏』之中，隱蔽的整體以其失去不見的方式籠罩著我們，我們直接在『無』裡頭碰頭。」存在治療以「畏」的儆醒作為生命另一層意識的開啟，深具用心，然而，世人多迷眼前物，只怕失之交臂罷了。

（本文是為張老師文化出版之《存在心理治療》所寫的推薦序）

《變的美學：一個顛覆傳統的治療視野》
Aesthetics of Change
作者：布萊福德．齊尼（Bradford Keeney，Ph.D）
譯者：丘羽先
出版社：心靈工坊（二〇〇八）

迴授（控制）論作為臨床知識論

對控制論來說，心理治療的實在乃在於心理治療者與被治療者進入交流的遞迴關係裡頭，這是雙主體的來回摩盪運動的現場，更重要的，眼前在場的事相只是心理治療意義的一部分，更重要的部分在於未來可變的可能性（潛勢），這潛勢部分與實現的部分透過交接遞迴的運動，才構成心理治療實在這個複合體（即心理治療意義）。

心理治療的思維裡有一個隱約的傳統，那就是對所見的、所想的不加以信任，總認為這些可見者背後有個什麼東西在作怪，這作怪的東西，可能是精神分析所稱的潛意識，也可能是理情治療非理性思維，或者是認知行為治療的隱藏符碼，因此，所謂「心理治療」指的是對這隱約存在之物的探索與解碼，其傳統的做法是療者向病者的隱密之處叩求密碼。這做法殊少受到挑戰，無論是精神分析或認知治療莫不如是。心理治療界不挑戰這個基本態勢，主要來自於其臨床知識論從未曾受到撼動。心理治療理論甚少願意去回答「何謂心理治療實在（psychotherapeutic reality）？」這個難解的問題，所以就將這個基本探問懸擱起來。

葛雷格里・貝特森（Gregory Bateson）是近代人文科學研究者的少數深入這問題探討的學者。簡言之，貝氏的心理治療實在並不以臨床現場、醫病關係為構成要素，更反對DSM式的準繩式判讀的症狀學為其實在依歸，他將知識的生產放到事情變化的後續發展，也就是他所謂的「遞迴式的學習」，這種學習與傳統心理治療的知識生產模式相反，傳統模式是將知識的生產放到病人（客體）的內在特徵或所處環境，觀看者（治療者）站在病人的外邊，在隱藏的位置描述病人，因此，其知識的生產是以因果模式的線性邏輯（有因必有果）為主，進入治療就是試圖去干涉那個病因，因此，治療者必須「客觀地」診斷病情，探索病因，提出治療對策。這是素樸的實證模式所界定的心理治療實在，而貝特森的遞迴式模式所籌畫的心理治療實在則將治療者納入系統裡，亦即，治療者的動見觀瞻乃是處於病人的約制底下，病人的治療啟動點並非治療者，而是病人的症狀所引發治療者的舉動。若從傳統因果模式來看，治療者是治療的啟動者，但貝特森認為這並不正確，病人的症狀行為先於治療者的介入。傳統治療知識的生產是實驗室的病理知識，以及外於病人的診斷標準（如量表、測驗、神經檢查等），這些知識都先於病人出現於治療者之前，因此，病人的出現只不過等待已知知識的配對，以及對因果模式的病理學圖式的印證與對症下藥，貝特森認為，如果心理治療模仿醫療的思維模式，會發生知識論的錯認，那就是將治療視為對既存病理的矯正，反而取消了心理治療的實在。

對控制論（cybernetics）來說，心理治療的實在乃在於心理治療者與被治療者進入交流的遞迴關係裡頭，這是雙主體的來回摩盪運動的現場，更重要的，眼前在場的事相只是心理治療意義的一部分，更重要的部分在於未來可變的可能性（潛勢），這潛勢部分與實現的部分透過交接遞迴的運動，才構成心理治療實在這個複合體（即心理治療意義）。換言之，在傳統因果模式的心理治療思維並沒有把可能性的流變當作治療的實在性，反而侷限在眼前已經實現的現實一隅，因而取消了心理治療朝向未來可能性的改變機制，反而加強了對症狀矯正的規訓。

貝特森將症狀矯治的規訓視為改變的障礙，若要消除此障礙，必須解除以病理學解釋病人行為的解釋，套句李清發醫師的用語：「心理治療的解釋是去解除解釋，心理治療的說明是去解除說明」，解除說明解釋乃因為所解釋者為已經是實現的症狀，而解除的是將現實的視角轉向，以便在互動的過程得以讓潛勢的可能性浮現，由於可能的潛勢往往是尚未被稱名的未知狀態，因此，如何在互動的現場透過鬆散的語言對話、治療者與病人的交互領會，掌握遞迴的某種不穩定／穩定的反覆與系列認知，而獲得有階層的知識，及不同知識層次的邏輯類型（logical typing）；在貝特森那裡，變化與學習同義，而學習有零學習（刺激——反應之間的反射迴路）、「第一層學習」（如古典制約、操作制約、日常生活的自動化反應等）、「第二層學習」（學習如何學習，學會標記的知識，如評價事物好壞、價值高低的通常意識）與「第三層學習」。第三層學習指的是「在系統層面發生改變，它並不著眼於特定反應（第一層學習）的改變，也非脈絡標記知識（第二層學習），而是去改變標誌系統所隱含的前提」，例如在海豚訓練裡，將海豚已經學會的操作制約混加一些隨機偶然獎賞或不獎賞的混亂因子，如果照傳統知識論，這些混亂因子將會造成操作制約的消除作用，但貝特森卻進一步發現這消除作用的更積極學習：創造學習，海豚在胡亂給獎賞的情況之下，反而創造地做成更令人喝采的動作，超乎人們的想像，而不是通常實驗室所宣稱的「實驗神經質症」（experimental neurosis）。

然而，學習層次愈是高階，其被認識的可能性愈低，但是它對疾患的自動生產（autopoiesis）也愈大，亦即，高階學習是一種較為根本的思維框架（模式），它構成思維者的眼睛，眼睛看不見自己，卻可以引導人去注意、建構與生產它所框出來的東西，就治療理論來說，如果治療者能進入病人的「內在模式」與之互動，可能會干擾到病人思維模式而使病人發生自動轉化。在本書裡頭，作者舉了著名的催眠大師米爾頓・艾瑞克森（Milton

Erickson）的例子，艾瑞克森的天才在於他懂得不受人的表面意識所迷惑，直接當下切入病患的內在模式，甚至他會透過戲耍表面意識去讓病人不得不在「潛意識」說話（參見第五章艾瑞克森與拼字盤病人的例子）。一旦治療者與病人在內在模式裡互動，療癒的路就自動轉下去。

與之相較，如果治療者只在表面意識互動，一切會顯得徒勞無功。例如，一個老師想讓學生用功，於是他就用各種方法，或者利誘或者威脅，而這些手段皆自外於學生的內在模式，學生被誘發的動作往往只是為了因應威脅利誘，其內在模式完全不為所動，所以很快地故態復萌，老師也疲於奔命，若老師想要直接撥弄學生的內在模式，就涉及控制論意義的心理治療技巧。

套句李清發醫師的話，心理治療技巧是一種「為病人伴奏」，讓病人自己吹出主調（內在模式）的過程。在本書第六章談到心理治療是一項手藝，一種以心思冶煉的技藝。伴奏的技藝只有在控制的知識論底下才會被操作出來。假定病人有其內在模式（＝心智），模式的操作是由其內在標準為中心操作系統，但這內在標準對病人自己是盲目的（眼睛看不到自己），對治療者也是無法看見的，兩者皆受蔽障，若治療者以自身的專業訓練，試圖以可重複的病理知識或測驗衡鑑，所評估出來的東西與病人的內在標準必然有距離，所以，治療者必須投入治療者的介入因素，至此，心理治療的論述猶與傳統心理治療甚為接近，接下來就開始大異其趣。迴授論的治療者的介入是順著病人的外顯症狀，而非對抗症狀，亦即，不把症狀當作要消除的目標，原因在於治療者與病人的蔽障都來自白日意識，對治療者而言，若以白日意識的「明智地」來診斷病人的可能內在標準，乃是自以為的正確，以此自以為的正確為前提的心理治療，會使治療者自限於虛構的外在標準，因此愈是以此為對症的治療，愈會遠離病人的內在模式，而對病人來說，若他以白日意識來思索他的症狀，也會被意識「明智地」指引到自以為他要的，使得內在模式的自蔽加深，兩者既然蔽障在先，後來又以蔽障為指引，若以此努力，可謂徒勞。

唯一的辦法是以症狀為師，認為症狀是病人的內在模式出現困難所發出的掙扎，例如，艾瑞克森面對酒癮病人來求診，帶來他青年時意氣風發的得意照片本，艾瑞克森看也不看，直接丟到垃圾桶，說「這與治療無關」，因為那英姿煥發的年輕人已經不存在，眼前要面對的是一個酗酒、頹廢的中年漢子，而病人沈湎於早年的自我想像，這正可能參與他放縱於酒精的一部分內在模式之一，後來，艾瑞克森要他回家之前到酒館喝酒，一邊喝一邊罵「那個混帳艾瑞克森」，這與病人的白日認知不吻合，病人覺得無聊沒有意義，反而就不去喝。這在以前被稱為「弔詭治療法」，但現在用貝特森的臨床知識論則明明朗朗地呈現：治療者的介入干擾了病人自以為是的白日意識，而敲響了內在模式的操作，再由病人的內在模式自行生產其效果，因此，所謂伴奏指的是由治療者在不知對方的內在模式之下，與對方的症狀行為互舞，讓治療者的介入因素不斷激起內在模式運作，在艾瑞克森與拼字盤病人的例子有更明白的說明。說心理治療是「技藝」是藝術，乃在於醫病共舞的過程並非一步到位，而是不斷地回饋、校準、再回饋、再校準……的遞迴式運動來來回回，彷彿手工揉麵，不斷試探對方的反饋訊息。

專業讀者如果想進一步讀貝特森的原典，商周出版的《心智與自然》會是相當有幫助的書。

（本文是為心靈工坊出版之《變的美學》所寫的推薦序）

《心智與自然：統合生命與非生命世界的心智生態學》

Mind and Nature: A Necessary Unity

作者：貝特森（Gregory Bateson）

譯者：章明儀

出版社：商周文化（二〇〇三）

貝特森的知識論傳奇

萬物都是相互締結的。

真正讓人類的心智獲得認識能力的，正是「關係」——部分與部分的關係、形式與內容的關係、部分與系統的關係等等。

一個人的一生多少會有一些啟蒙書，對我來說，做一個專業學者，啟蒙書本身即是恩典。雖然，啟蒙書很少會出現在我的比較專業論文的參考文獻裡頭，但是卻構成自己治學的底子。在一九七八年的柏克萊校園附近舊書店，我發現一本很奇怪的書《*Mind and Nature*》（即本書），是由一位人類學家寫的書，卻放在雄雞叢書的「新時代系列」裡，隨手一翻，我發現跟我念大學之時，最愛的一本啟蒙書《偶然與必然》[1]非常類似。《偶然與必然》這本書是法國分子生物學者賈克．莫諾（Jacques Lucion Monod）所寫的，貌似通俗書，表面上輕鬆易解，「其意義的內涵則令人越想越深奧」（引自譯者劉鴻珠教授的話）。讀過幾本書之後，我才發現作者貝特森（Gregory Bateson）真是怪人，他出身英國世家，有個非常知名的英國生物學家的爸爸（英國威廉．貝特森〔William Bateson〕爵士），念的是劍橋大學，卻跑到新幾內亞的雪碧克河（Sepik River）下游的伊阿母（Iatmnl）部落做研究，碰到美國著名人類學家瑪格麗特．米德（Margaret Mead），兩人相戀結婚，搬到美國紐約，攜手到巴厘島做研究，但後來又告仳離。

貝特森一生從未拿過博士學位，但是從他早期的寫作，如《那溫》（*Naven*）[2]，至今依然是人類學民族誌的經典。他在與米德仳離之後，搬到北加州，思想更加遼闊，許多著作都是此後才開展的，他對精神分裂的研究，使得他開展全新的溝通學[3]。如果一路仔細從《那溫》讀起，接續著他的集結的集子《朝向心智生態學》（*Steps toward an ecology of mind*），乃至本書，以及其後的《天使之懼》（*Angels Fear*），他的思想幾乎是一脈下來，最後形成一套知識論（epistemology），我們姑且稱之為「整體脈絡論」。

貝特森的知識論不僅在行為科學界、生物學界與哲學界相當有影響力，對心理治療、傳播、教育也都具有相當的衝擊力。

貝特森的知識論與哲學界的知識論可說大異其趣。貝特森對哲學界如何證成知識，可說是毫無興趣，倒反是他對動物界的心智變化如何發展一套產生知識的基本原則相當有興趣。貝特森這個潛能早在他年輕時作人類學田野時就已經展露，在他的第一本書《那溫》裡，他分析伊阿母部落時就以「分裂相生」（schismogenesis，這是貝特森自己發明的新字）來分析部落的男女行為型態（見本書第七章），他發現男女的互動既是相剋（互相競逐）也會相生（互補），長久的互動會使男女兩性別群體漸漸生成這種相依的分裂而共生。但何以能變，變化的順序為何，以及處理這些變異所需的基本知識論為何，這都在約二十年後出版的《心智與自然》這本書做了說明。

本書的第一章就有一句提綱挈領的話：the pattern which connects——萬物都是相互締結的，但是這個主張並不是口號，而是貝特森知識論的起點。在第一章他引用榮格的「空界」

---

1 《偶然與必然》由劉鴻珠教授翻譯，杏文出版，一九七七年。

2 那溫是新幾內亞雪碧克河下游伊阿母部落的一種特殊儀式，由舅舅男扮女裝來慶賀外甥的成就。

3 貝特森與精神科醫師魯許（Jungen Rueach）在一九六八年合著過《溝通：社會網絡精神醫學》。

（pleroma）與「實界」（creatura）的分野：空界（心靈界）與實界（物質界）雖然是二律背反，各有其邏輯理路與作用，但就心智的作用來說，心智需要物質界的基礎，也需要心靈界（以訊息為主）的挹注，這兩者實則是相連結的。因此，真正讓人類的心智獲得認識能力的，正是「關係」——部分與部分的關係、形式與內容的關係、部分與系統的關係等等，而關係如何發生、關係會發生於那個層次，都成了貝特森的知識論所要探討的焦點。

心智的主要構成成分是「關係訊息」（relational information），而不是實務，所以心智裡頭沒有海星、豬或椰子，但卻有許多有關海星、豬或椰子的「訊息」或「想法」，而訊息之所以成為訊息，是因為「差異」，惟有差異才能令心智得以捕捉訊息，是差異使事情看起來不一樣（differences make different），這本來就是小學生也知道的事，但是其在人文心智科學的知識論卻極易被忽略。

將差異作為心智生成知識的基礎，貝特森將可以產生差異的兩件以上的事物當作心智生成的來源：何謂學習？透過原有的A與B的差異獲得新生的事物，此種獲得謂之「學習」。

因此，司法是無法防制犯罪的，因為量刑、入獄與犯罪動機、犯罪現場是無關的，量刑、入獄無法改變犯罪，罪犯無法因為判刑入獄而學習到「不犯罪」。而我們會被犯罪判刑的含意誘導，以為判刑定罪入獄是犯罪防制的手段，實則這兩者只是相續的關係，而與消弭犯罪並非因果關係。依照貝特森的理解，「地圖」並不能取代實景，一物之稱名並非等於該物，一物之稱名與該物是各屬於不同類型的邏輯範疇，貝特森稱之為「邏輯類型」（logical type）[4]，例如，判刑入獄的邏輯類型迥異於犯罪行為的邏輯類型，前者是由國家機器運作，處理罪犯的邏輯，法官固然是依照罪行的嚴重程度量刑，但所有的犯罪現場、動機與犯罪的各種必要條件，都已經轉置到國家機器的運作，此時執法者與犯罪者都忙於訴訟的攻防戰，等到判刑確定，犯罪者忙著過囚禁的生活，其生活的必要條件並沒有包括對犯罪的悔改，反而是如何讓受囚的日子好過一點。雖然，司法單位經常宣稱他們從事許多犯罪矯正工作，但是宣稱的作為可以與實際犯罪者的改過遷善沒有必然的關係。

貝特森的「邏輯類型」在他的知識論具有關鍵的重要性。他認識到任何現象都具有無數的邏輯類型，亦即任何現象都具有不同邏輯層面，就如同細胞、器官、循環系統的邏輯層次都不相同，而且每一級的邏輯類型無法越過自己去適用於他級的邏輯層面。依此，世界是多層次的現實，一個現實也可以是多元版本的。在這裡，貝特森的知識論就有了起點，如果以最簡單的情況，某個現象是由兩層邏輯類型組構而成，那麼這兩個邏輯類型所意味的意思剛好相互矛盾，那麼會發生什麼後果？貝特森在精神分裂者的心理病理學就提出「雙向束縛理論」（double bind theory），當精神分裂者在直觀層面感受到被排斥，在語言層面卻感受到被疼愛（通常過度涉入精神分裂子女的父母會出現這類現象，由於在直接互動裡，父母受不

---

4 使用集合論的觀念很容易瞭解邏輯類型。假定一個集合A=（a,b,c,……），元素a,b,c等的邏輯類型並不能擴延到以A為基礎的邏輯類型。

了病人的情況而排斥孩子，但在語言上卻口口聲聲是愛孩子），這兩個層次的邏輯被攪和在一起，精神分裂者的心智無法承載這攪和的邏輯類型而更容易抓狂。

一般人對複雜攪和的邏輯類型都有一定的承受力，例如，貝特森觀察海瀨的玩耍，也發現兩個邏輯類型的交叉作用，例如當海瀨A張口咬向海瀨B的脖子，在第一層次的邏輯來說，這是危險的攻擊行為，但是海瀨B在另一邏輯類型卻認為是無害，竟將脖子湊過去，而海瀨A則不執行第一層次的攻擊邏輯，轉而以輕咬的動作回應海瀨B，但是海瀨B的反應卻轉以第一層次的「被攻擊邏輯」，產生激烈的迴避動作。這兩種邏輯型態交錯出現，而現出「遊戲」這個局戲的戲碼，第一層邏輯是關涉生命存活的嚴重邏輯，屬於基層的生命邏輯，第二層是透過玩伴之間的生活經驗，相信對方不是自己的敵人，而是自己信任的友伴。只有當這兩個層面交錯之後，方才出現遊戲的情趣……不當真的當真，或當真的不當真。如果這兩層邏輯不交錯，那麼海瀨就無法有這情趣，但這情趣不能由單一層的邏輯類型完成，就第二層來說，我們稱之為「信任」的邏輯，並不會自己長出遊戲的情趣。

如果我們接受貝特森的世界多重構成的觀點，我們就不得不接受貝特森最重視的「多重學習」。通常我們學習事物，若只是背誦或習慣性思考，對事物所在的邏輯類型一無所知，則屬於「零學習」。若是知道該事物本身的邏輯類型，如學習某技術，則稱為「一層學習」。但是如果學習是貫穿兩個邏輯類型，則屬於雙重學習。依此，高等學習包括三重以上的學習。這種學習的觀點在九十年代的教導心理學大量發展，但貝特森卻在六十年代就發展得相當好。[5]同樣的，溝通本身也是多重溝通，而所謂「關係」則是在兩層邏輯類型之上，例如，中國人的陽奉陰違、尺寸拿捏、或孫子兵法，都是發展多重邏輯類型的認知策略。許多學校老師可能教了一輩子的書，卻從未抵達過貝特森所謂「真正的學習」。

那麼動物或人何以能夠獲致多重學習？貝特森的知識論的另一基礎即在自動反饋迴路的運作。這種在美國稱之為Cybernetics的東西，可以說是美國行為主義沒落之後興起的控制理論，表面上這類「自動反饋迴路」理論貌似簡單，但是用在貝特森的手上卻相當俐落。例如，美國匿名戒酒協會（AA）的戒酒箴言第一條是「你自己救不了自己」，第二條是「只有祈賴上蒼的力量才會有救」，一般認為這是臣服於神的旨意，讓神來救贖的方法。但貝特森很清楚地分析到，AA的戒酒法之所以有效，乃是打破人要依仗自我節制作為戒酒的「壞知識」，而賦予一條完全合乎自動反饋迴路的原則：自我節制是一條缺乏檢查校正的機制，永遠會在最後一秒失控；而仰賴上蒼，則是將自我意志的無效上綱打消，讓另一層反饋迴路「逆增上緣」，亦即，貝特森透過他的知識論代替了神學，剖析AA的戒酒箴言。[6]

在本書的後半部，貝特森將他的知識論應用到生物發生學，重點放在兩套隨機過程。我想，他作為名生物學家的兒子，自己不能繼承父業，反而跑到蠻荒做社會人類學研究。但他依舊流著貝特森家的血緣，在牛津大學的生物學訓練依舊在腦海深處，所以，他在夏威夷做

5 參見貝特森所著《朝向心智生態學》（*Steps to an ecology mind*），紐約：Ballantine，1972。
6 貝特森，〈自我的自動反饋：一個酒癮症理論〉，Psychiatry, 34(1), pp.1-18, 1971。

海豚行為研究時，多少讓自己更靠近父親，使自己像個動物行為專家。但慢慢的，他發現他可以用他的知識論來談生物進化的問題，其興奮程度不亞於他用知識論來取代心理病理學理論，用溝通理論取代心理治療。這似乎意味著貝特森知識論的傳奇：知識論說不定才是社會科學之主張的主體，而不是表面的內容。

在一九七八年，貝特森與米德都被診斷出癌症，米德在當年秋天就先走一步，貝特森則在一九八〇年的夏天過世。兩人臨終方式完全不一樣，米德一直不肯向死神屈服，臨終前一週還在極度疼痛中處理身邊人的人與事，直到接近彌留才醒悟自己非死不可，極度憤怒；貝特森與癌症纏鬥兩年，對死亡早有所期備，很早就放棄積極治療，他臨死前離開醫院，在禪定中心與禪者們在一起，禪者們以深度禪定相隨，他拔管、拒食以及與人告別，信服《聖經》（尤其是〈約伯書〉），在平和之中闔然而逝。在他靈前，他的家人供祭了一隻螃蟹，以紀念他的《心智與自然》裡主張的「自然與心智有著令人匪夷所思的對稱性」。[7]

貝特森的知識論到底影響社會有多深，目前難以定論，在心理病理與家庭治療方面，他的影響是肯定而且持續的，在溝通研究與教育學方面，貝氏的影響也逐漸加強，但在人類學方面似乎不了了之，這可能與貝特森精於分析，而拙於表達有關。

（本文是為商周文化出版之《心智與自然》所寫的推薦序）

---

7 見貝特森女兒凱塞琳的《以女兒之眼》（*With A Daughter's Eye*），276-277頁。

《策略直覺：偉大成就來自靈光一閃》
Strategic Intuition: The Creative Spark in Human Achievement
作者：威廉．杜根（William Duggan）
譯者：劉慧玉
出版社：財信出版（二〇〇八）

有時候顛倒妄想並非壞事

直覺策略的核心，即其新觀念的生成。企業透過某種「瞎」——放任一些不被信任、無法判定其價值的「逃走線」之存在，讓無效率、缺乏目標的事物留在企業體。這些看起來充滿反系統的事物，恰好為公司的未來保留了潛勢的生成。

現代企業經歷工業化的洗禮，不知不覺之中陷入現代化思維的制式框架，許多管理哲學總是在萬變之中對企業目標採用老套的設定方法，亦即將目標落實到企業自身已知的領域內，這種設定有其便利性，例如，它會產生運作的流程，使得企業體年度的目標得以實現。但是，從長青哲學的觀點，當企業體僅在已知的領域重複其生產運作，是屬於老化的過程，高階人員容易怠惰，把時間花在細瑣的已定的操作流程。可是要擺脫這種巨大無形的桎梏，並非易事，本書的宗旨就在試圖解明這桎梏可能的解脫之道。

依照美式的思考習慣，作者威廉・杜根（William Duggan）為了說明直覺策略的源頭來自眾多的層次，他從腦神經系統、宗教的底層、藝術的創作、學術的孕育，乃至軍事、商場與工業生產等層面，逐一說明這直覺的普遍性。

首先，直覺作為創新的基本條件在於企業發展障礙被消除之後，但是當企業體依循著它原來的運作模式穩定地發生作用，一切看起來沒問題之際，這種「everything is fine」本身即是對企業的老化現象的遮蔽，因而使得企業體的現狀即是對自身未來的最大否定，但多數企業高階人員卻很難看出其中的端倪，因為從所有合理的思考來說，企業的未來是由現狀擴延出去的視野，如果未能察覺這種未來視野所根據的現狀是個蔽障，那麼企業高層一定會以現狀的安穩往未來作合理的推估。

為了不要陷入現狀的蔽障，企業高層必須有個基本的認識論，使之能夠區辨「企業現狀」與企業的潛勢之間不是一條連續線，不是可以將現狀直接投射到過去，相反的，企業高層愈能偵察出現狀與潛勢之間有個無可彌補的裂口，他們愈有機會朝向直覺策略。可是，企業潛勢一向無法掌握，它涉及企業體本身無法決定的因素，無論外在環境或企業內部都有不可知的力量作用著，而且這些不可知的力量都不會以明顯的方式顯現出來，甚至多數的潛勢都被一種表面的合理所覆蓋。如果企業高層執著系統管理，他們就會排斥所有可能的直覺策略，即便是高層有所警覺，也會在系統的引導之下，做出系統所要求的合理決策，但可能依然無法獲得解決之道。

作者威廉．杜根舉了許多例證說明此點。例如拿破崙的迂迴戰術在於他看出第三因素的動態，所以他不會如他的指揮官只盯著眼前的目標。其實，諸葛孔明被過度渲染成料事如神，其實是他對未知因素的掌握，包括天候、人文、地理與心理反應。諸葛孔明的任何計策都涉及看起來不似戰略因素的戰略因素，因為那些因素都不在眼前可見的戰略目標裡。諸葛孔明的聰明來自他對潛勢的體察，而這些潛勢卻含有極大的不穩定性，甚至以零碎的方式向我們顯現，而成熟的直覺策略則在於這些零碎的訊息突然連結成一片、一通百通。

「現狀即是遮蔽」的認識論只是直覺策略的起手式，但直覺策略絕非易與之物，因為如果我們直接對現狀加以否定，並不見得就可以揭開遮蔽。直接否定只會造成破壞性的革命，任何企業當然不能這麼做，特別是當企業處境平順的時候，合理思維會自動阻擋任何人否定現狀。這裡的另一個關鍵是：企業的創新本身並不是由正面來肯定的，亦即真正的創新不可能沿著現狀逐漸修改而來，而靈光一閃也往往不可得，因此，企業必須透過系統之外的另一條路線——有人稱之為「逃走線」的策略。

「逃走線」指的是一個企業在沒有刻意的目標之下，設想一條企業生產或銷售管道，既不以增加企業利潤為考量，也不將之視為企業現行系統的一部分，而是在無目標、無前景的情況之下設置的，但這並非有意識的「異業複合」，畢竟所謂「異業」還是從系統的角度來詮釋的，只是在一個較大的綜合系統裡頭。企業體若能鬆手讓一些非系統的「他者路線」存在，可以使企業體有機會面向未來潛勢。所謂「他者」指的是原先的企業體不認識的領域，因此，在系統之內的任何構想都不會進入的領域，但直覺策略要發現的潛勢卻在裡頭，不過它永遠在企業體的背面，企業要發現它，自己必須有某種程度的「瞎」，就如希臘悲劇的「伊底帕斯王」，當他睜眼要查清楚誰是「殺父娶母」的惡人，先知何瑞斯求他不要去查，而這先知即是個瞽者。當伊底帕斯王不肯聽先知的話而執意要查，那種執意就是企業自以為的正當性，也是促使人們會不由自主去做的「正面性」，而形成股市的基本弔詭：當人們覺得一種「非得如此」（the Must）的衝動時，剛好孕育了「並非如此」的Anti-must的實現。先知的「瞎」在於他「無視」眾趨性的Must而使他得以拒絕正面性的誘惑。

至此，我們終於進入直覺策略的核心，即其新觀念的生成。企業透過某種「瞎」——放任一些不被信任、無法判定其價值的「逃走線」之存在，讓無效率、缺乏目標的事物留在企業體，就如現代一些巨型軟體企業所為，隨意休假、帶狗上班、沒有打卡，並允許一些人從事無任務的工作，這些人可以做自己想做的事，可以跟公司沒有關係。這些看起來充滿反系統的事物，恰好為公司的未來保留了潛勢的生成。

於是，我們可以發現，所謂「直覺策略」是個無法判定之中的行動，從表面來說，它好似無釐頭的行動，一項在黑暗中無法給自己定心的行動，但是那只是不斷被既有已知遮蔽而產生的感覺，只要企業體存在「他者」的線索，總會有人無意之間避開系統的遮幕而發現新概念的可能性，而實現了真正的未來遠景。

（本文是為財信出版之《策略直覺》所寫的推薦序）

《青蛙・少女・哲學家》

Firebelly

作者：J・C・麥可斯（J. C. Michaels）

譯者：黃意然

出版社：遠流文化（二〇〇七）

邊界處境的精神生產

在規範世界的那一端，只看到邊緣少年的危殆不安，與可能墮落或無望，但是人類的冒險本能，卻因為自由而獲得更為深刻的自我肯認，而不似一般聽話的孩子對事物看法的因循流俗。

「生命充滿粗糙的邊緣」是這本寓言小說的起手勢，而「生命是趟前往未知世界的不可思議旅程」是本書的背景；它朝向正在起步的年輕人發聲，特別是那些父母離異的青少女的生命悸動。

作者曾經是一位多少涉險的野外生活領航員，他帶著遊客穿越河谷激流，帶著少年們進行野地冒險。在他的眼裡，青少年的生命恰如面對未知的黑森林野地般的旅程；他以火肚蛙的經歷作為心靈的導航媒介而開展處女作，透過火肚蛙將生命處境帶到「邊緣地帶」。

所謂「邊緣地帶」，指的是生命發生改變的「那個地帶」。在「那個地帶」裡，原來確定的東西變得不再是那麼確定，原本以為「理所當然在那裡的東西」，則突然不見了，如父母離異、失學、家庭經濟惡化、災難臨頭等等，這些變故即使對成人來說也是沉重的疼痛，對青少年來說其驚恐可知。

從粗礪的生命邊緣為起點，可以形成勵志小說，也可以不走勵志的路線。嚴格來說，勵志小說是一條捷徑，讓人不要意志消沉，獲得激勵的力量；但勵志小說同時是另一種逃避的方式，它讓人避開挫敗，讓生命暴露在表淺的陽光、童騃的希望裡。

然而，後現代的寓言小說不也落入象徵語言的圈套裡。

寓言故事的象徵、譬喻、轉喻等諸種操作，已經全然無法與現代的知識生產掛勾，而虛擬性的真實，則強力地介入我們的世界。我們對世界的創生與理解，乃是基於具有差異化作用的摹體語言所生產的，其生產方式必須避開語言的濫用，或者被語言所駕馭，而必須將生命處境以某種擬象的真實，以及其繁複的組合——其中的組裝又必須透過某種自主的鑲嵌，也就是在足夠的複雜因素之下的情節遞迴——蜿蜒發展。在這意義之下，寓言小說與其他類型的小說就沒有太大的差別。

本書以火肚蛙的心思與青少年的生命做平行的發展，而將兩條複雜線纏繞在一起，則是隱藏的主軸。

火肚蛙從被豢養到野放的命運，與青少年無法決定自己與離婚父母的關係，有著千絲萬縷的牽連，但卻又必須將之浮於不確定的虛無縹緲之間，才能讓摹體語言發揮其「召喚」與「聚集」的效果。

由於摹體語言並非從象徵的意涵下手，因此必須從火肚蛙的虛構世界盤沿到青少年的世界——少女的內心世界藉由火肚蛙的心思被敍說出來，而獲得移位交視的效應。如果透過少女自身的敍說，少女的世界會進入一般熟悉而無味的主體意識。由火肚蛙來旁敍少女，則將少女的觀察點墊高一個位階，彷彿在少女之外有個視角可以透視少女的內心，並且從這個位置引出少女與離婚父母的關連性，從家庭結構的組合模式去詮釋少女的徬徨，並且取得與少女「共在」的視野。

在這樣的布局底下，火肚蛙的再度野放就獲得轉折的意義，雖然火肚蛙離開少女，卻帶著少女個體化發展的歷程走去。例如，我們讀到青蛙與蛇的生態共舞，隱約中也看到少女進入社會的風險世界；而在第三部野少女現身的同時，作者所謂的「生命哲學」，也在此以直敍的方式呈現出：邊界哲學。

作者的邊界哲學是兩面性的處境，一方面充滿著現況中可能遭遇的毀滅與破壞，一方面卻又充滿了成長的契機。青少年的歷險就是在這兩面性中來回搖擺著。在規範世界的那一端，只看到邊緣少年的危殆不安，與可能墮落或無望，但是人類的冒險本能，卻因為自由而獲得更為深刻的自我肯認，而不似一般聽話的孩子對事物看法的因循流俗。

這個觀點非常接近中輟生現象。一個中輟生的罪惡是由制式的教育意識型態所促成的，如果回到百年前制式教育尚未建立時，在家授課學習的系統並不會區隔出中輟生／在學生，野放的概念也不存在。只有在現代社會才區隔出文野之界分，自由才會與野放關連在一起，而使得邊界處境成為人感受自身存在的方式。作者將這邊界處境的涉險，透過逃家少女的心靈變化，指出其間的精神生產性的領悟。

（本文是為遠流文化出版之《青蛙·少女·哲學家》所寫的推薦序）

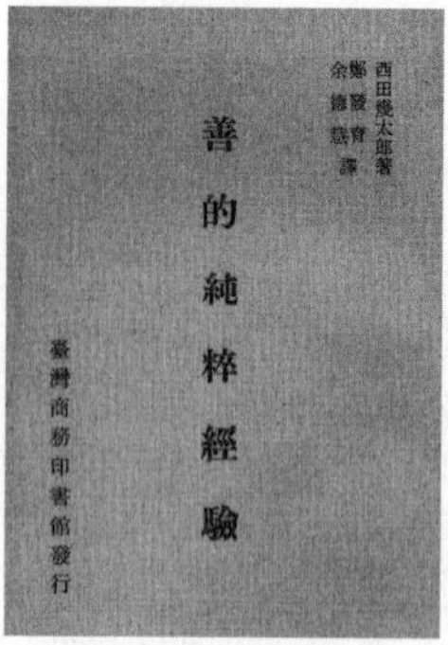

《善的純粹經驗》
作者：西田幾太郎
譯者：鄭發育、余德慧
出版社：臺灣商務印書館（一九八四）

人類對「善」的最終追求

任何主客觀的分立，都只是暫時間意識分化發展的結果。在意識的根本之處，乃是「物我合一」的統一意識，以主客均統攝在「現在」的意識當中。

我們經歷兩年多的討論，才譯就西田先生的這本小書。

在開始討論這本書的時候，我們嘗試從心理學的觀點來解決人的意識問題——然而，它的解決的起點卻是哲學的，於是西田先生的「純粹經驗」變成我們討論的重點。

「心靈哲學」往往被心理學者視為陳義過高的理論，但是任何一個精深的科學家（包括心理學家）在終其一生的實證研究之後，即不自主地以哲學的眼光來重新審視其一生的思想。最確切的原因是：任何實證研究的背後，總有其問題不可解的強大勢力，就個人的意識根柢裡，這是個意識內部的衝突，必須有統一的力量加以涵攝——這正是西田的「心靈哲學」所預測的。

西田的精華思想在於「純粹經驗」。任何主客觀的分立，都只是暫時間意識分化發展的結果。在意識的根本之處，乃是「物我合一」的統一意識，以主客均統攝在「現在」的意識當中。

根據這個原理，西田將之應用於「善」的分析——善是個人統一意識的過程，行為本身即是善。惡的產生，乃是統一意識中必須存在的對立意識之故。

經過推演，宗教的神即成為個人統一意識的全體，自我實現的本質，「愛」即含攝其間。

西田哲學對心理學者有領悟性啟發之處，並不在於內容言辭之間，而是在其嚴密地把意識的本體加以探究，而使過度偏於實證，卻怯於思考較大問題的研究者，有種破繭而出的感覺。

當然，本書對一般宗教人士、討厭玄思的哲學家，也具有參考的價值，因為即使不相信西田哲學的內容，也可從其思想中領略其個人的精神風貌。

本書承蒙西田先生的後裔允許出版中譯本，以及陳雪屏先生在出版方面的協助，謹此申謝。

（本文是臺灣商務印書館出版之《善的純粹經驗》的譯序）

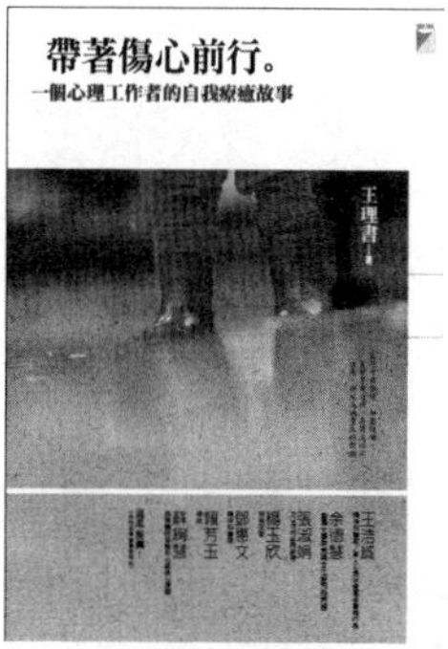

《帶著傷心前行：一個心理工作者的自我療癒故事》
作者：王理書
出版社：寶瓶文化（二〇〇八）

心底的凝視之眼

在東方的智慧，自我確立只有在共在情境的瞬間形成，然後崩潰，因此，人的存在宛如《流浪者之歌》的希達多注視著河面，多少的「我」如水波蕩漾。

在《冷暖人間》的結局，丈夫阿良去找離家出走的妻子，對她說：「當年我們有小孩的時候，為他們煩心，總是想著，等到孩子長大成家立業之後，我們夫妻終於可以單獨在一起，永遠生活在一起，那時多麼巴望有這麼一天，現在孩子長大結婚，我們卻因為太多的怨恨而不願在一起，我以為你也知道這道理，所以在你離家之後，我總是盼著你會自己回來，等到我知道你不願意回來，我才知道願望真的好虛幻啊！」

在幾週以前，日本多摩大學的西皮雅尼教授在成大與慈濟大學談西田幾多郎的「場所論」。西田哲學是京都學派的創始哲學，西田的「場所論」在近代倫理學發展與法國倫理學被融會成不可思議的後現代哲學。從抽象的意義來說，西田的人間倫理是無我的倫理，「我」從來不存在，只有從你那裡我才看見鏡象的「我」以你的形象來導致「我」的存在，因此儘管人們滿口的「我」，其實是那共在的場所所孕生的倫理實相。

但是在場聽演講的研究生似懂非懂，也問不出什麼問題，當場我有點苦惱，沒想到理書的書稿寄到，居然解決了我這問題。我的助理收到書稿，自己看了一下說，老師你就讓學生分開念這本書，我本來也不為意，由於身體病痛，徹夜不能眠，就裹著毯子在沙發上捧著書稿讀到深夜，這才發現理書簡直就是在為我闡明西田哲學。

我在前面引了日本電視長劇《冷暖人間》丈夫阿良的話，雖然只是短短的幾句話，卻把人間倫理的辛酸說到骨子裡，理書每次談到父親，有種無法抵達的奧祕深度就如深井泓潭，她經常不自主的說「自從父親過世……」，那不在的人卻似龐大的身影一天天地長大，從海德格哲學來說，這是海氏的名言：「缺席是現身最強大的方式」（Absence is a strong mode of presence），而理書的場所匯聚了缺席者（前夫、小嬰靈、父親、姑姑、外公）與現存者（丈夫、樹兒、旦、母親、弟妹們），讓兩者以陰陽交合的方式出現，在看見的凝視朝向不在眼前的真實，讓不現身的真實在眼前的場景獲得暗影的支撐，有時眼前實景令人苦惱，暗影的甬道就成了救贖，人的共在構成無人稱的倫理場所。理書的「我」，無論是妻子或媽媽，無論是女兒或是大姊，她都隨著「你」的相應而應答著、生產著，沒有固定的「我」，而卻獲得人間的深幽。這與西方（美國）文化過度強調自我確立、自我認定為某種堅實的存在者有很大的不同，毋寧說，東方的母親從來就是天生的「場所論」的實踐者，從理書的一切描述，例如一個小小的剪短了的頭髮，都以充滿了兒子的眼神說話，一個耳洞也在母親、女人之間穿梭。從自我確立論的文化來看，這彷彿缺乏自我，說出來會侮辱自己獨立的人格，可是在東方的智慧，自我確立只有在共在情境的瞬間形成，然後崩潰，因此，人的存在宛如《流浪者之歌》的希達多注視著河面，多少的「我」如水波蕩漾，理書也悟到這點，點出一大群「我」四處坐立遊走，也感覺到一股流動。

真正扣緊這流動的卻是場所裡的看見的與不見者的共舞，將理書引導到另一層深度。在我們的眼見之處，真正讓我們跌宕到奧祕心靈的是那凝視之眼。所謂「凝視」指的是在可見視線的盡頭出現不可見的事物，這是拉岡精神分析非常重要的發現。精神性的豐富生產，包括聖徒的虔敬、母親的殷切都與凝視有關。凝視與生命轉化幾乎同時發生，這在齊克果的生命裡，曾經多次從絕望凝視出絕大的希望。簡單的說，即使是一件不經意看見的事，例如傷心的理書在惶惑之中，抬頭看到店家的電視，看見劫白曉燕的匪徒與警方對峙，看到民眾驚恐的神情，理書的眼中卻現出「從自己做起，好好認真平實地生活，回到力量，回到樂觀，回到信任」。這個轉化並非黑格爾式的辯證法，更不是「理情治療理論」的觀點，也絕非美國式的「正向心理」的力量，那是亙古以來多少宗教徒、受苦難者的凝視機制。

台灣的心理諮商可說是人文社會科學裡最美國化的學科。我常靜靜地聽著心理諮商師演講，心裡總是很納悶，為何經過美式的制式訓練之後，幾乎所有的個人哲學的深度都不見了，某種尺規被當作口號式地搬弄著，一談到倫理，也只剩下專業倫理，彷彿心理諮商過程的「處境倫理」（內在倫理）完全被取消了，這種工業化的魔咒，使得心理諮商成了新的媚俗工具，步上了美國電影工業的後塵。我很高興理書多少掙脫了一些習氣，以清新、神沉的方式為我們說生命的故事。

（本文是為寶瓶文化出版之《帶著傷心前行》所寫的推薦序）

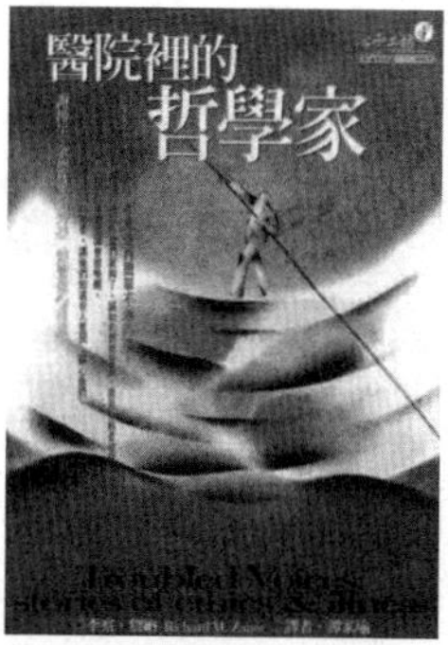

《醫院裡的哲學家》
Troubled Voices: Stories of Ethics & Illness
作者：李察・詹納（Richard M. Zaner）
譯者：譚家瑜
出版社：心靈工坊（二〇〇一）

回到人情義理

日常生活的倫理義理並不是理論，也不是純粹內心的事物，而是活生生的現實。倫理的調解遠比任何心理諮商有效，因為許多心結並不是心理的，或者只是藉著心理表達，但關鍵卻在日常生活的倫理義理裡頭。

詹納（Richard M. Zaner）博士是個相當傑出的現象學家，也是現象社會學大師阿弗瑞・休茲（Alfred Schutz）重要作品的翻譯者。在哲學的論著上，詹納博士的著作相當深入，尤其在探討具體化的現象學方面，甚見功力，可是我第一次讀到他這本《醫院裡的哲學家》的故事式書，相當驚訝，他居然完全放棄哲學的抽象思維，對病床之間協助病人的一些日常倫理故事娓娓道來，而最令我驚訝的是，他居然創造出一種非常新穎的病床心理諮商（bedside counseling）。

三十年前我進入台大心理系就讀，曾經在大一結束那個暑假，與一群刺青的虞犯青年在宜蘭礁溪共同度過二十一天，名之為心理諮商員。我的印象裡，自從那個時候到我拿臨床心理學博士學位之間的十年，我幾乎都在心理病理的文化思維裡打轉，從來沒想到真正的心理諮商可以在病床旁邊，因為心理治療的正統是「到心理世界去矯治心理疾病」，但這遙不可及的夢想，被證明只是幻想，因為許多困厄如果只在單純的心裡邊，藥物就夠了，但是如果心病來自於自己與世界的關係，那麼傳統心理治療能夠做到的，其他民俗的方法也可以做到。

問題在於困厄是多元的，從身體內部的疼痛到自我參與世界所遭受的苦楚，幾乎是一層層的，每一層的病理邏輯幾乎都不一樣，已經越來越少人敢大言不慚說那全包式的治療，由於是自我與社會相接觸的領域，更是脫離了傳統科學心理治療的領域，而朝向文化社會哲學的實踐領域，幾乎讓原來發展的專業領域難以想像。

詹納就如此的無意之間踏入這個領域，而他做的正是病床諮商裡有關倫理調適的部分。這部分原本與哲學的倫理學有關，但是最開始詹納並不是從倫理學出發，而是現象學。詹納考慮的是自我與身體之間的具體現象學，在他的《自我的脈絡：以醫學為線索的現象學考察》（*The Context of Self: A Phenomenological Inquiry Using Medicine as a Clue*, 1981）一書中，他從生物現象學出發，逐漸展演身體的複式意識（complexure），乃至自我的出現，他界定「自我」是「處境裡的反身運動」（self as a situated reflexivity），以此為基礎，他談情緒、自閉症、抽象態度。自此，他憬悟到直接在病人世界工作充滿生活世界的機遇與哲學思維。

在他所處的現代化醫院，充滿了科技所帶來人倫的省思，可是在裡頭工作的專業人員卻對科技與人倫之間的互動恍若未覺，甚至讓他覺得，有許多人倫社會裡相當基本的東西，在這些充滿知識的專業人員的腦袋裡，居然是一片空白，所以在處理這些人倫之事之餘，他笑自己是沒有知識的有識之士。

受了詹納的影響，我開始反省台灣的心理治療處境。多數學院派的臨床心理知識與多數醫學知識一樣，總是敏銳的抓住問題，尋求技術的解決，可是卻缺乏人文社會的見識。心理諮商與治療引進台灣至少三十年，也在教育系統建立諮商制度，在醫院系統建立診療機制，可是幾乎無法在文化社會系統生根。主要的問題在於異文融接的部分出了問題，也就是早期台灣的輔導學界提出本土化的問題。可惜，三十年下來，西方輔導的「異文」與本土的「本文」還是扞格不入，一方面是本土的傳統助人系統（宗教、互助會、親屬、同誼等）的核心價值與西方的文化價值兜不在一起，各有各的堅持，個人只有在孤伶伶的情況才會找西式的輔導，甚至跟西方社會一樣，只有具備相當的教育程度才能從諮商的過程獲益；另一方面，輔導或心理治療專業有自己的基本專業思維，不輕易與民間知識妥協。可是，詹納的做法卻超越了這些矛盾，他直接跳過醫療專業，將醫療所帶來的人文問題放回到人情義理來解決，這點給我甚多啟發。

在前年（一九九九年），我與慈濟醫院心蓮病房的前任居家護理師秀如也做了一些改變。本來心蓮病房常有妻子陪著丈夫住院，妻子獨自為丈夫打點一切的過程，有時會傷心掉淚，因此志工多半會陪著妻子走過這段艱辛的歲月。等到丈夫去世之後，妻子往往陷入許多生活難題，例如青少年子女在沒有父親的管教之後，不唸書、夜不歸家或放蕩於朋儕之間，或者婆媳不和，乃至家計發生困難。但是，由於受到心理學悲傷輔導理論的影響，我們到寡婦家裡做「悲傷輔導」，往往把重點放在狹義的悲傷抒解，對寡婦們的生活倫理品質看做無關緊要。後來有位老姆媽在老伴去世之後，又認識一位阿公，兩人相談甚歡，這卻引起老姆媽的兒女不高興，一則他們認為「媽媽不是很忠於老爸」，一則擔心這位阿公「心懷不軌」，想趁機拐騙老姆媽的財產。我們去看老姆媽的時候，老姆媽一把眼淚一把鼻涕說著兒女的不諒解，而另一方面，她的兒女也抱怨老姆媽「老番顛」，臨老談什麼戀愛。有了詹納書中的鼓舞，我們乾脆做起「倫理的調解人」，坐在客廳把老姆媽與她的兒女聚在一起，談個明白，而且就事論事，把心中不說的疑慮說清楚。我們發現，倫理的調解遠比任何心理諮商有效，因為許多心結並不是心理的，或者只是藉著心理表達，但關鍵卻在日常生活的倫理義理裡頭。

日常生活的倫理義理並不是理論，也不是純粹內心的事物，而是活生生的現實，在倫理的義理裡頭，有人死死要守護的東西，如自尊、面子、價值，有他們生命防線裡的底線，有他們在生活裡的堅持與不堅持，這些義理從來就是牢牢地長在生活裡，不假外求。如果我們硬把諮商理論套在他們的生活義理，那絕對是格格不入。例如，有個寡婦的孩子，自從父親去世之後，就不喜歡待在家裡，也對家人沒有好臉色。如果用我這個心理病理的大腦來想，八成我大概會想到一些敏感的東西，例如這十六歲的男孩害怕自己必須取代父親，成了寡母依賴的對象，甚至產生亂倫的錯覺。即使這個理論是對的，依照生活義理來說，這也是「不可說、萬萬不可說」的話，因為生活義理涉及面子，也涉及生活裡互相對待的分寸。我與這個寡母聊天，並不去碰這種西式的想法，反而把焦點放在家庭的氣氛。我們談父親去世以後家裡的客人來訪的情況，以及以前父親還在的時候，來訪客人都做什麼。寡母提到以前客人會在圓桌泡茶，但自從父親去世之後，圓桌被搬到角落，泡茶也沒了，「因為婦女人家跟男人家泡茶總是不像樣」。於是我們聊到風水，總覺得家裡有點「冷灶」，跟父親在的時候不太一樣。我也談到，孩子很敏感，家裡一冷清，就喜歡往外跑。那個寡母立刻同意，想把圓桌、茶具再搬回來，家人恢復泡茶。

「泡茶」這件事其實是這家庭很重要的氛圍，意味著家裡恢復生氣，也意味著父親的

「音容宛在」。許多西方的悲傷輔導理論主張，停止悲哀最好的方法是徹底地與逝者說再見，從此毅然獨自向前行。可是在台灣（乃至整個華人社會）這是行不通的，因為任何屋子都充滿逝者的味道，神桌上有祖先牌位，處處有逝者的遺澤，我們往往透過香火一線的聯繫，把逝者緊緊地摟在懷裡，才是心中最大的安慰。有一位寡母說，每當撫育幼小兒女辛苦不堪，就會想到死去的老公，忍不住就哭起來，可是很奇怪，每次哭泣的時候，就會在依稀之間聽到丈夫喃喃的低語，彷彿就在身旁；於是她又振奮起精神，「與老公一起把養育幼兒的擔子扛起來」。

當然，人情義理絕非有固定的一套東西，往往因處境而異。病床諮商並不在於提出一套辦法來協助病患，而是透過與病人或家屬的摸索而使得某些困境得以開朗。每個病人出現的問題都是特例，應該單獨考量，而對病床諮商者來說，每次具體的案例都會引導我們省思人性與處境的複雜性，從而對生病處境有更深刻的瞭解。

有一次我在心蓮病房對護理人員上課，談詹納的倫理諮商。大家都同意，其實稍微在病床邊為病人及家屬做一點人情義理的功夫，可以造成很大的差別。可是，我看著這一群可愛的年輕女孩，心想她們除了需要在醫療技術增進之外，我還能為她們做點什麼？本書的出版，我想將之推介給病床第一線的工作人員，也許她們因為學到詹納的例子，懂得為病人帶來不一樣的照顧。

（本文是為心靈工坊出版之《醫院裡的哲學家》所寫的推薦序）

《關懷的力量》

On Caring

作者：米爾頓・梅洛夫（Milton Mayeroff）

譯者：陳正芬

出版社：經濟新潮社（二〇一一）

幫助他人成長？愛說笑！

我們很清楚，我們似乎已經回不去古典時代，但我們還是相信，關懷做為人性的複合感情，依舊存在於人們的質樸之心。

這本小書從出版到現在已經三十多年，作者的聲名早被遺忘，但從今天世界的情況反過頭來回顧這部前現代的作品，不能說是徒然無益。當然我們的後現代處境受到各種虛擬環境的控制，可是在人文思維到底我們離前現代有多遠，在局中的人無論如何也看不出來，只有把參考點放在己身事外的一個點上，我們才從差異反身自我瞭解。

我們當然無法贊同返古主義者，以外在的參考點為基準來批判自身，但也無意以現代的觀點批判舊時代的思維。有個對我們有益的方式是視域的融合：雖然視域融合經常被濫用，但閱讀本書卻是極為適切的。視域不是你看到內容的what，而是何以如此思維的how。只要你願意沉靜觀讀，視域融合會自動發生。

首先你會注意到，本書以一股安定的氣息談關懷的內在種種，這對於不斷承受地震海嘯、金融海嘯、歐債危機的我們，可說是失去的烏托邦。尤其一打開書頁第一章就說，「關懷就是幫助對方成長」，我突然有點暈眩，待回神過來，仔細反思我的生命經驗，我知道當台灣還在貧困的農業時期，我的學校到處都是「我為人人，人人為我」的標語。人們之間關懷互助是生活所必須的，例如家裡沒米，缺油缺蔥，向鄰居「暫借不還」是常有的事，老人家生病需要村裡的壯漢來背，喜喪黑白事鄰居要幫忙，農忙割稻相互代工，所以，幫助他人不是難事，但是若要深化「幫助他人成長」就有疑慮：幫你成長，你會幫我嗎？這裡就碰到自我的界線，所以作者說，如果利用他人來圖謀自己的成長，就不是關懷，當年的農村生活其實就是遊走在這兩端。在現實裡，我們可以幫忙，但不要幫到「要能使對方成長」，但是碰到關係深厚的人，就得另當別論。

時至今日，由農轉商，加上E化，「交換」的無限上綱，使得關懷成了被掩埋在地下只露半截的東西。多數所謂的「關懷」是屬於短線操作，我捐款、慰問可以，但別讓我花時間。但是不肯施捨時間，所謂關懷的DNA，如信任、耐心、誠實、謙虛、勇氣、感恩大概都丟失了。

最近我更發現，「關懷」有更便利的短線：人們利用社交網站書面關懷，問候、祝福、慰問都以文字為唯一的意指，人們已經不把問候話語的內容以真材實料加以充實，許多真實的聚會、促膝長談大多已是昨日黃花。

這是否意味著我們這世代教關懷空洞化了？如果看到父母重新定位自己與子女的關係為朋友時，他們是否也用臉書溝通？就如一位父親感慨說，沒想到管教小女兒是用臉書，言下不知其可也。

問題當然不見得是表達形式的問題，而是我們已經忘卻了真材實料的滋味，只剩下語言符號做為虛擬的真實。就本質來說，無論語言如何甜美，表意如何精彩，最終還是等待能與真實一致，可是我們卻過著兩種平行的生活，一為虛擬網路的活著，一是實質的活著，彷彿是兩種人。尤其在真實裡我們寧可孤獨對著電腦，即使在網路上充滿了人情味。

本書在出版時還沒有網路，所以作者以真實面做為論述的主旨，卻教我們突然對自身當代的處境有些悲切，生活寬裕並不能帶來幸福，反而連關懷的基本面都快丟失了。如果世界經濟結構繼續惡化，這世界只剩窮人與富人，關懷的意義會變成什麼樣子？富人為了避免窮人反撲而做的施捨行為，就叫做「幫助他（窮）人成長」？窮人為了自身的生存向富人抗爭，也叫富人學習歛貪，是不是也是「幫助他（富）人成長」？

我們很清楚，我們似乎已經回不去古典時代，但我們還是相信，關懷做為人性的複合感情，依舊存在於人們的質樸之心，而對後現代的造作所造成關懷的扭曲，必須時時加以批判，我們寧可花一個晚上寫一封信問候長輩或勉勵晚輩，也不要用電子郵件，寧可那麼傳統地躲在房子裡給壽星驚奇，也不要丟個電子卡片。這些需要血肉之軀去做的事，不要假手「虛擬手段」。

有時看到一些人洋洋得意的E化，我卻感到絕望，所有的E化無非要把某個目的性的任務更有效率的達成，但是真正的情意卻在生命氛圍裡，我們喜歡茶館、小館子，正因為那伙計、小二、客官的情意，這才是道地的關懷。

奉勸本書的讀者，我們應當考慮如何把關懷還原回去，回到生命的感知裡，讓信任、寬恕、締結成為真材實料，充實於我們空茫的E腦袋。

（本文是為經濟新潮社出版之《關懷的力量》所寫的推薦序）

《孤獨》

Solitude

作者：安東尼．史脫爾（Anthony Storr）

譯者：張嚶嚶

出版社：八正文化（二〇〇九）

孤獨世界氣象萬千

孤獨是我們的內在深度使然。無法忍受孤獨的人可能缺乏私密的非現實空間，以致過度沉溺於現實。如果人的內在空間被打開，孤獨不但成了必要，更可能在這時刻才有非常充實的生命。

一般人寂寞孤單，常是因為心靈空虛，而不是孤獨。孤獨真正讓人心傷的只有，伊人已逝、親人已杳、愛犬走失，那曾經在內心衝激著滿足的感情突然被抽瀉而光；反之，人生最幸福的時光卻是伊人安然、親人仍在、愛犬蜷伏腳邊安眠，而我獨自一人在燈下埋首工作，縱然無人陪伴，我心依舊幸福滿滿。

史脫爾（Anthony Storr）是個超凡的精神科醫師，他看透心理治療理論的諸多問題，反對電視、廣播傳送那些庸俗的心理論調，動輒就把孤獨與憂鬱症綁在一起。這是對孤獨的污名化，也是一般不細察的心理工作者常犯的毛病。很少人會相信，生命的孤獨往往具有一種轉化的力量，是轉化成生命泉源的契機。例如災難之後，喪失配偶的男女在悲痛之餘，會開始對亡夫或亡妻說話，甚至寫信或日記，這些哀痛的書信反而能使喪偶者不自覺地走上自我療癒的過程。

史脫爾是對的。他清楚地指出，孤獨是個讓人富有想像力的時刻，人真正害怕的並非孤獨本身，而是對應處境時出現「想像的危險」，例如發現自己陷入被孤立的危險或留在險境卻求無奧援等；同樣地，喪親喪偶之痛來自死去的人緊緊構成我們想像的「自我」有著被撕裂的感覺，那撕裂的部分在空茫之境晃蕩，這些都是屬於安全的殘破所迸發的想像，而一般的安全性想像則培育成熟的獨處能力，如英國名精神學家溫尼考特（D. W. Winnicott）特別強調「有母相伴的嬰兒獨處」之重要性，也就如「孟母紡織，孟子於旁嬉戲」那般時刻。許多父母師長喜歡對獨自玩耍的小孩橫加干涉，可說是不智之舉。過度被干預的孩子容易「假裝順從」，長大後就會養成「虛偽」的習性，在人前人後表現不一。

傑出的文學家與藝術家，由於其本身的創作性格，容易罹患憂鬱症。但科學研究往往將他們長期的孤獨創作與憂鬱症相連結，甚至製造出假象，把孤獨與憂鬱症串連成因果關係，這其實是種誤導。史脫爾力排眾議，提出一個嶄新的論點：創作反而是療癒之乘具。一個憂鬱患者沈潛於深度心靈空間，乃是一種自動療癒。我贊成這個觀點，在孤獨創作的深度心靈裡可以讓虛幻飛翔，反而可以使精神進入一種不分現實或虛幻的寬容世界。這樣的深度心靈，卻常被過度解讀為精神症狀的前兆，此種誤解迄今未消。

撇開孤獨被過度病理化、問題化不談，在此要進一步指陳，孤獨本身是一種自我深納的狀態，孤獨的滋味不是寂寥。世人往往將孤獨與寂寞連在一起，其實也是誤導。寂寞來自一種熱鬧的冷卻，就如習慣家裡熱鬧的老媽突然在兒女出外之後感受到的冷清，這是與依附息息相關的另一面。但孤獨卻不是依附關係的副產品，它本身有其自主性，就如深夜埋首燈下的作家、整夜未歸的實驗室學者、思考數學問題的教授等，他們不但有著強大的自主性，而且在他們的現實之外還開啟了一個非現實的空間，所有的思慮、想像、樂趣都在那非現實的空間熱鬧登場，反將現實空間擺著不動。表面上是孤獨冷清，內心卻是炙熱異常。

這是一種非常自我充實的孤獨，是一種強大的自我能力。一般人常在放假的時間，突然覺得不知要做什麼，只好無聊地看電視，以為是休閒，其實是心靈被淘空的警訊。而自主性的孤獨往往是個人生涯的骨幹支柱。我曾經看一個農夫，一有空閒就用木條編東西，我也看過一個中學老師，閒來無事便寫些文章。雖然他們不是名家，但看著他們毫不費力地就專注在一件事情上，在自己的心湖清閒地划動船槳，悠遊在自己的天地裡，便深覺此乃無上之幸福。我也曾經看過一些學者為寫論文而痛苦萬分，一些被人逼稿的作家據桌苦思，一旦解放，就要到處與人聊天、旅遊或聚會。很顯然，社會的樂趣可以使人的自主性降低，這些人表面上盤據高位，卻如吸鴉片般地要求社會供輸刺激，這才是真正的精神貧乏之病。

因此，我們可以發現：孤獨的品質等於個人的天才性，例如說，一個不自覺陷入寫作孤獨裡的人，就注定了他作家的天才性。這裡所謂的「天才性」指的是能不費力沉浸於某事的能力傾向，它與外在壓力所逼出來的作為並不相同。如果一個人的天才性是處理事情，你會看到他在處事方面十分熱心，可以花數小時來談一件事；政客的天才性是有握不完的手，臉部總是能自然擺出悅眾的笑容。此外，天才性不盡然表現於外在的成就，兩者就如基因的顯性與隱性一般。大部分的情況是外顯的表象偷渡其隱性的天才，故一個出家人可能喜歡寫詩歌而成詩僧，一個教授可能善於木工而成其重要的休閒。

換言之，孤獨是我們的內在深度使然。無法忍受孤獨的人可能缺乏私密的非現實空間，以致過度沉溺於現實。如果人的內在空間被打開，孤獨不但成了必要，更可能在這時刻才有非常充實的生命。作家卡夫卡（Franz Kafka）即是一例，他的現實充滿了父親粗暴、對愛情的怯弱、對時局的不滿以及對自己無能的惱恨。某個深夜，他突然進入一個別人無法涉足的文學天地，領會到那非現實空間的甜美深刻，才找到自己安身立命的處所。

若把孤獨——內在深度——天才性三者相連，可以隱約看到一種生命的塑形，我們一生中最核心的事物都是此三者合作完成的，而且我發現三者的各種不同組合所造就的生命藍圖十分清晰。例如，不成熟的孤獨者（不喜歡孤獨、獨處的時候會出現恐慌、焦慮的心情）很少經營有系統的內心深度，他們的內心深處就像慌張的盜採者，東一個坑，西一個洞，無法連成平穩的盤底，而其天才性也偏向零散，這樣的組合可以看出某種懸吊著的一生，高不成、低不就。而成熟的孤獨者（自主性高，獨處時刻反而更專注某事）常於孤獨之際自我飛翔，在非現實的空間孕育著支撐的力量，所以，他們的內在底盤沉穩開闊，無論從事何事都能顧慮周詳，其天才性的潛能如自然花開，渾然天成。

奉勸本書的讀者儘可能把焦點放在成熟的孤獨案例，不必太在意不成熟孤獨所引發的躁鬱症、憂鬱症或神經症的解讀，才能在閱讀本書時獲得最大效益。畢竟孤獨的內涵氣象萬千，豈是醫療可以說盡的？

（本文是為八正文化出版之《孤獨》所寫的推薦序）

《孤獨世紀末》

Contemporary Solitude

作者：魏蘭．波斯頓（Joanne Wieland-Burston）

譯者：宋偉航

出版社：立緒文化（一九九九）

人生的基調就是孤獨

人生之所以覺得苦短，一定是很喜歡這個世界，但不一定是熱鬧。在我們死亡之前，能夠享受「安身的孤獨」，恐怕是人最大的幸福。

這是一本心理治療書，治療孤獨。但是，不是消除孤獨，而是享受孤獨。但這句話也不完全正確，嚴格來說，是消除「非自願的孤獨」，享受「安身立命的孤獨」。

孤獨至少有兩種：不想孤單一個人，卻被迫孤單，這是「非自願性的孤獨」，例如失去親人，被趕出家門，被情人拋棄，或者因為自卑、憤怒而自絕於人群。一種是沈潛自求，獨運匠心，所以孤獨，這是「安身立命的孤獨」，例如佛陀、耶穌與藝術家。前者是孤獨之苦，後者是孤獨之樂。

在心理治療室裡頭的求助者，當然是非自願的孤獨者。要治療這樣的病人，就得從他那被拋棄的心靈裡活過來。一般來說，孤獨乃是人生之必要，不必消除，但是一個人心無長志，沉溺於依附之情，稍有孤單，總是倍感孤單。若是碰上生離死別，或遭人排拒，更是難以自處。當然，孤獨涉及人生很廣泛的層面，常讓人沮喪哭泣，又讓人心憐，因此，心理治療的目的，就是如何將這種心靈空乏的孤獨轉化為心靈豐盈的安身孤獨。

跟隨著這本書，我願意表露我對孤獨之旅的心路過程。由於孤獨並不是一種情緒，而是一種處境底下的心境，因此，從來沒有一種單獨的情緒的孤獨，反而是百味雜陳的孤獨。我在十九歲初離故鄉，到台北求學，品嘗到難以忍受的孤獨。而在此之前，我卻享受著鄉間的孤獨。這是兩個處境的轉換，十八歲的我在鄉下的家裡，因為與家人在一起，我的孤獨正如溫尼考特醫生所說的「有伴的孤獨」：一個小孩在父母家人的陪伴下，專心做自己的事，不需要別人干擾的孤獨。在十五歲到十八歲之間，我享盡了這種孤獨。我想並不是所有人都有這個運氣，但是我相信任何人多少會經歷過這番「有伴的孤獨」。

我想，童年最深刻的伴侶應該是家人，他們為孩子提供整個生命的氛圍。我最喜歡的便是我的兩個祖母，阿嬤與外婆。她們都是早年寡居的婦人，含辛茹苦的扶養著子女長大。當她們的孫子出生，立刻帶來做祖母的喜悅，她們對孫子的疼愛是她們自己的兒女享受不到的。孫子的喜悅不在於祖母的慈愛，而是相伴：我自己在泥沙地玩，外祖母在廚房切豬菜煮蕃薯，我們小孩餓了，外祖母就拿一些烤番薯、煮花生給我們吃，當賣零食的小販來到院子，我們就吵著吃糕點糖果。祖母相伴是我一生最快樂的經驗，祖母並不干擾孫子的遊戲，孫子卻也自得其樂。

童年的經驗並不保證內心的豐盈，但卻在孩子的心底撲上一層溫柔。等到上學，孩子的心轉到友伴，祖母的相伴並沒有消失。在玩耍的路上看到祖母，會高興的叫出來，祖母要到哪兒，依然衷心地做個小跟班。當我開始陷入聯考的壓力，祖母當然救不了自己，但是我至今依然清晰的記得一個夏日裡，我坐在書桌前看書，阿嬤端了一杯人蔘茶來，我滿心愜意的邊喝邊做數學，窗外蟬叫，綠意漾然，祖母完全不懂我的功課，卻笑瞇瞇的看著自己的孫子用功。這番相伴的情，至今還感到我的生命流泉汨汨。

另一種豐盈的孤獨來自生病經驗。我在家鄉小鎮的初中唸書之初，十分好玩。後來生了幾次的病，窮極無聊，才開始翻書，對裡頭的東西感到好奇。其實，生病的時間極其緩慢，使我有心情慢慢琢磨書本的東西。時間緩慢，起先是寂寞，後來是細心思量一生的打算，才決定一輩子做學術工作。大學聯考給我的，與其說是壓力，不如說是學會孤獨。我總是一個人坐在校園裡，很安靜的看著書，成了我一生當中最懷念的時光。我想，離開家鄉到台北唸書，其間最大的痛苦恐怕是「找不到自己的房間」。在家鄉，我可以在樹下、河邊消磨半天的時光，可是偌大的台大校園，卻有著沒有容身之地的感覺。

在台北生活的前十年，我幾乎可以用「淒惶」兩個字來形容自己，沒有家的感覺。甚至坐在房裡，看著別人家的燈火，感到靈魂的不安。唸著洋人的書，也有不知自己的學術安身何處。我想，後來追隨楊國樞先生做本土心理學，有很大的動力來自學術的失根感。我對這種安身的「房間」非常敏感，那是自己的「一個角落」，自己可以非常專注地在那裡。每當我讀一本好書，我的專注就是我「安身的孤獨」，當我惶惑不安，只要專注到這種「家裡的書」，我就變得非常安靜。在「家裡的書」裡頭，時間本身幾乎就是可以觸摸得到的生命。人生之所以覺得苦短，一定是很喜歡這個世界，但不一定是熱鬧。

我完全同意本書的觀點：「人生的基調就是孤獨」。尤其面臨死亡，我們有著最根本的孤獨。我曾經接觸過一些失去至親的朋友，他們與過世的配偶、父母或手足有相當親暱的關係，以至於在親人去世之後，幾乎無法完全恢復過來。如此深刻的孤獨，讓我們感到恐懼，但是即使有人能夠了然那「存在的孤獨」，也避免不了其在幸福與離別苦楚之間的落差。我們活著的時候並不是一個人，而是不斷的承受親人摯友的投注，與他們在一起的時候，透過幸福的感覺，把他們融化在我們生命的氛圍，形成我們生命的顏色，即使他們已經過世，我們的生命史學依舊幢影重疊，今日與昨日交織成一片，已逝的親人是我們「房間」的一部分，每當夜闌人靜，他們的身影從「記憶的房間」出現，眼前卻是遍尋不見，那份淒苦幾乎已經成了人類的宿命。

在我們死亡之前，能夠享受「安身的孤獨」，恐怕是人最大的幸福。依照現在當紅的西方心理治療說法，我們內心都有個最真誠的小人兒，他渴望有一間「自己的房間」，可以安身立命。但是，親人的死亡，我們在哀痛之餘，如何寶貝我們的記憶，也需要有相當的智慧。本書不僅超越傳統精神分析，將神話、宗教的浩瀚加入心理治療的領域，也鼓勵人們有智慧的處理我們的宿命。在我看來，不但要接受孤獨的宿命，也必須積極的將孤獨與生老病死一樣，當作生命的自然本性，才能將自己的心性擴及宇宙天心，所產生的智慧如詩如夢，才有終極的安身孤獨吧。

（本文是為立緒文化出版之《孤獨世紀末》所寫的推薦序）

致謝

本書能順利整理編排並集結成冊，承蒙以下人士和出版單位協助提供各篇文稿及書封圖片，特此致謝：

人本自然文化事業有限公司
八正文化有限公司
大塊文化出版股份有限公司
上海人民出版社（中國）
《心理月刊》（中國）
方智出版社股份有限公司
石佳儀女士
立緒文化事業有限公司
余安邦教授
李茲文化有限公司
知英文化事業有限公司
書泉出版社

《書香兩岸》雜誌社
財信出版有限公司
商周文化事業有限公司
張老師文化事業股份有限公司
彭聲傑先生
慈濟傳播人文志業基金會
《慈濟月刊》
經濟新潮社
遠見天下文化出版股份有限公司
遠流出版事業股份有限公司
臺灣商務印書館股份有限公司
橡樹林文化
寶瓶文化事業有限公司
（依筆劃順序排列）

尤其感謝余德慧教授的夫人顧瑜君女士，慷慨促成此書的完成，特別向顧女士致謝與致敬。

心靈工坊 PsyGarden
Harmony 009

生命詩情

The Poetics of Life: A Collection of Thoughts on Books

作者—余德慧（Yee Der-Heuy）

出版者—心靈工坊文化事業股份有限公司
發行人—王浩威
總編輯—王桂花　責任編輯—徐嘉俊　內頁排版—李宜芝
通訊地址—10684台北市大安區信義路四段53巷8號2樓
郵政劃撥—19546215　戶名—心靈工坊文化事業股份有限公司
電話—02）2702-9186　傳真—02）2702-9286
Email—service@psygarden.com.tw
網址—www.psygarden.com.tw
製版・印刷—漾格科技股份有限公司
總經銷—大和書報圖書股份有限公司
電話—02）8990-2588　傳真—02）2990-1658
通訊地址—248新北市五股工業區五工五路二號
初版一刷—2013年9月　ISBN—978-986-6112-83-6　定價—380元

國家圖書館出版品預行編目資料

生命詩情/ 余德慧著. -- 初版. -- 臺北市：心靈工坊文化, 2013. 09
面; 公分 --（Harmony；009）

ISBN 978-986-6112-83-6（平裝）

1. 序跋

011.6　102017260

心靈工坊 PsyGarden
台北市106 信義路四段53巷8號2樓
讀者服務組　收

免　貼　郵　票

（對折線）

加入心靈工坊書香家族會員
共享知識的盛宴，成長的喜悅

請寄回這張回函卡（免貼郵票），
您就成爲心靈工坊的書香家族會員，您將可以——

⊙隨時收到新書出版和活動訊息

⊙獲得各項回饋和優惠方案